느린 학습자 이야기

느린 학습자 이야기

신건철 지음

이담북스

여는 글

느린학습자. 이들은 내가 교사 생활을 하면서 어렴풋이 알고는 있었지만, 제대로 관심을 주지는 못했던 학생들입니다. 수업 시간에 잘 따라오지 못하는 학생, 말을 잘 알아듣지 못해 여러 번 설명해야 하는 학생, 방과 후 남게 하여 가르쳐도 다음 날이면 잊어버리는 학생. 아직 경험이 부족하고 많은 학생을 가르쳐야 했던 저로서는 수업이 더 어렵게 느껴지게 하던 존재였습니다. 힘들다는 생각에 저 스스로 먼저 외면한 부분도 있었던 것 같습니다. 돌이켜보면 제대로 도움을 주지 못해 미안한 마음뿐입니다.

2022년 여름의 어느 날에 서울 구로구 느린학습자 부모회 '하랑'의 부모님들과 처음 만났습니다. 아이들은 밖에서 물총놀이를 하고, 부모님들은 저의 강의를 들었습니다. 자녀를 잘 키우고 가르치겠다는 일념으로 온 분들이 경청해주시니 감동적이었습니다. 짧은 강의를 마친 후 이 만남을 한 번으로 끝내기가 아쉬웠습니다. 그래서 온·오프라인으로 함께 공부하는 모임을 운영하기로 했습니다. 5주 동안 온라인으로 만나고, 여섯 번째 주에는 오프라인으로 만났습니다. 짧지 않은 시간이었음에도 모두가 열정적으로 참여하고 생각을 나누었습니다. 그 모습을 보고 부모님과 자녀들의 이야기를 모아 책으로 내면 좋겠다는 생각이 들었습니다.

이미 느린학습자에 대한 이해와 교육, 훈육에 대한 책은 많습니다. 하지만 정작 그들의 이야기를 다룬 책은 찾기 어렵습니다. 그래서 유치원부터 초등학생, 중학생, 고등학생, 성인까지 다양한 학령기의 자녀를 키우는 부모님들과 면담하고 기록했습니다. 호기롭게 시작했지만, 부모님들의 이야기를 들을수록 그동안 얼마나 괴롭고 힘들었을지, 감히 상상조차 할 수 없었습니다. 시간이 지났으니 담담히 이야기할 수 있지, 당시에는 얼마나 고통스러웠을지 느껴졌습니다. 인터뷰하면서 같이 울고 웃었습니다. 부모님과 아이들의 삶을 간접적으로나마 공유할 수 있는 시간이었습니다.

우리 느린학습자 아이들의 이야기는 현재도 진행 중입니다. 가정과 학교, 사회에서 느린학습자 아이들은 이 사회의 구성원이 되고자 노력하고 있습니다. 이들이 따뜻한 이해와 기다림 속에서 성장하고 자립할 수 있도록 어른들이 도와야 합니다. 용기를 갖고 한 걸음씩 내딛도록 우리가 함께해주어야 합니다.

이 책을 쓰는 데 도움을 주신 '하랑'의 부모님과 아이들, 느린학습자들의 성장을 지원하는 인디학교 송민기 교장 선생님께 감사드립니다(흔쾌히 인터뷰를 수락해주신 점에도 감사드립니다). 1년 안에 책을 내겠다고 호언장담했지만, 교사로서 학교 업무가 바쁘다는 핑계로 시간이 더 걸렸습니다. 그럴 때마다 괜찮다고 격려하고 기다려준 한국학술정보 출판사에 감사드립니다. 그리고 책에 대해 같이 고민하고 응원해주신 함께하랑 사회적협동조합 이사장 신순옥 이사님에게 특히 감사드립니다. 이사님의 헌신과 노력에 감명받아 이 책을 쓰기 시작했고 끝까지 마칠 수 있었습니다. 마지막으로 느리지만 천천히 그리고 꾸준히 성장하는 느린학습자 아이들에게 이 책을 바칩니다. 감사합니다.

신건철 드림

추천사

서머힐 학교 설립에 큰 영감을 주었던 호머레인은 일찍이 말했습니다.

"돌멩이에 눌려있는 풀 포기는 휘어진다. 살아남기 위해서 휘어진다. 돌멩이만 치워주면 똑바로 자라게 된다. 그런데 돌멩이는 누가 올려놓은 것인가? 아이들 잘 자라게 한답시고 부모나 교사나 어른들이 올려놓은 것이다. 그렇다면 돌멩이는 누가 치워줘야 하는가? 이 역시 부모나 교사나 어른이 해야 한다."

이 말은 제가 대안 교육자로 살면서 지표로 삼아온 구절이기도 합니다. 식물은 햇빛과 물과 흙이 있으면 뿌리를 내리고 제 능력껏 제 모양대로 성장합니다. 사람도 마찬가지입니다. 인류의 지혜를 유전자로 담아서 태어나기 때문에 햇빛과 물에 해당하는 자양분을 필요한 만큼 사회에서 흡수할 수만 있으면 건강하게 제 유전자대로 자기 개성을 살려서 성장할 수 있는 것입니다. 이것이 교육이고 배움이라고 생각합니다. 저는 인디학교 교장으로서 이 역할에 충실하고자 노력하고 있습니다.

인디학교에는 참으로 다양한 사연을 가진 청소년들이 찾아옵니다. 인디학교에 다니는 학생들은 대안 교육 활동을 통해 공부에 대한 막연한 두려움을 극복합니다. 공부도 나름대로 재미있다는 생각을 할 수 있도록 경험을 쌓은 뒤에는 1~2년 만에 검정고시에 합격해 대단한 성취감을 느끼게 됩니다. '하면 된다. 나는 뭐든지 할 수 있는 사람이다'라는 생각을 가지면 땅에 떨어졌던 자존감도 회복이 됩니다. 아이들을 문제아에 골칫거리로 생각하던 부모님도 이제 자녀를 존중하게 됩니다. 자신감을 얻으면 스스로 관심 분야를 적극적으로 찾아보고 앞으로의 진로도 찾아봐야겠다고 마음을 먹게 됩니다. 자립할 준비를 하는 것입니다.

하지만 공교육 과정을 차근차근 밟지 않았기 때문에 수시로 찾아오는 사소한 장벽에 힘들어하곤 합니다. 그럴 때마다 아쉽게 느껴지는 점이 있었습니다. 이 학생의 어려움을, 또는 이 학생에게 필요한 자양분을 한 살이라도 어릴 때 알아봐 주는 사람이 있었다면 얼마나 좋았을까.

코로나19로 인한 비대면 교육환경 때문에 학습격차가 더욱 심해지고, 특히 느린학습자 학생들이 학습에 어려움을 겪고 있다는 우려가 터져 나오던 어느 날, 이 책의 저자인 신건철 선생님이 제게 찾아오셨습니다. 선생님과 대화를 나누면서 공교육 초등학교 교사가 느린학습자에 관심을 가지는 것이 고마우면서도 걱정이 되었습니다. 담임 중심 학급 운영체제인 초등학교에서 선생님이 생각하는 느린학습자 맞춤형 지도와 성공적인 학급운영을 모두 이뤄낼 수 있을까 하는 걱정이었습니다.

하지만 20년간 대안 교육을 하면서 '뜻이 있는 곳에 길이 있다'라고 생각해왔기 때문에, 신건철 선생님의 용기에 감사와 응원을 전하게 되었습니다. 선생님의 용기와 실천이 느린학습자 어린이들에게 큰 힘이 될 것입니다. 모쪼록 독자들이 이 책에 수록된 그들의 일상과 공동체를 실감 나게 경험하고 마음 모을 수 있다면 더없이 좋겠습니다.

- 송민기 대안교육기관 인디학교 교장, (사)서울대안교육협의회 대표

CONTENTS

CHAPTER 3.

CHAPTER 4.

CHAPTER 1.

느린학습자에 대한 시선

○○●●

선생님은 오늘도 수업 시간에 수학 문제 푸는 법을 예준(가명)이에게 가르쳐주셨다. 지난 시간에 배운 내용을 잊어버렸기 때문이다. 선생님은 으레 있던 일인 듯 다가와 알려주셨다. 하지만 예준이는 수학을 푸는 것이 여전히 힘들었다. 들을 때는 이해가 되는데 선생님이 가시고 혼자 해보려 하면 어렵고 막막했다. 다시 선생님을 부르면 되지만 늘 그렇게 도움을 받다 보니 부끄러웠다. 그래서 혼자 해결해보겠다고도 했지만, 아직 자신은 없다. 오늘은 하교 후에 선생님과 따로 수학 공부를 하는 날이다. 선생님은 예준이가 모르는 부분을 친절하게 설명해주고, 틀린 부분도 잘 고쳐주신다. 하지만 친구들이 모두 집에 가고 난 교실에서 공부하려니 조금 부끄럽고, 친구들과 놀고 싶은 생각도 들어 좋지만은 않다. 물론 예준이 말고도 함께 남아 공부하는 친구들이 있지만, 이렇게 남아 공부한다는 것만으로도 마음에 걸린다. 예준이도 친구들처럼 수학 시간에 잘해서 집에 빨리 가고 같이 놀고도 싶다. 하지만 이상하게도 수학은 너무 어렵고 잘 안 되어서 짜증이 난다.

의현(가명) 선생님은 수학 시간이면 당연한 듯 예준이에게 다가간다.

"어떤 부분이 어렵니? 선생님에게 말해봐"

늘 있는 일이라서 자연스럽지만, 예준이는 부끄러운지 혼자 해보겠다고 한다. 하지만 예준이는 수학 시간에 잘 따라오지 못한다. 방과 후에 기초학력 보충을 하는 학생이다 보니 수업 시간에라도 따로 알려줘야 그나마 따라올 수 있다. 그래서 선생님은 일부러 더 옆에 있으려고 한다. 혼자 할 수 있다는 예준이의 말을 믿고 싶지만, 매번 결과가 좋지 않아서 걱정이다. 단원 평가 때마다 점수에 실망해 표정이 안 좋은 예준이가 안타깝다. 따로 가르쳐도 도통 성적이 나아질 기미가 없다. 설명해줄 때는 이해한 것 같은데, 혼자 문제를 풀면 개념을 놓치고 매번 같은 곳에서 실수한다. 그래서 의현은 '내가 잘못 가르치는 것이 아닐까'라고 스스로 묻고는 한다.

부모님은 올해 초등학교 3학년이 된 예준이가 걱정이다. 2학년 때까지는 집에서 다시 알려주면 곧잘 따라갔는데 3학년이 되고서는 쉽지 않다. 2학년 때와 같이 집에서도 가르치지만, 점점 떨어지는 성적에 예준이도 부모님도 걱정이 많다. 수학 시간에 잘 지도받고 있는 것 같고, 선생님 의견대로 학교가 끝나고 남아 공부도 하지만 부모님의 걱정은 늘어간다. 어릴 때부터 또래보다 느렸어도 열심히 가르치다 보니 나아졌다. 하지만 3학년이 되고 과목도 많아지고 수학도 어려워지면서 자신감을 잃지 않을까 노심초사하고 있다. 가까운 사람들에게 상황을 이야기하고 해결 방법을 찾아보지만 뾰족한 방법이 나오지 않는다. 다들 그럴 수 있다고 하는데, 이렇게 놔둬도 될지 걱정이다.

느린학습자란?

최근 예준이와 같은 상황을 다룬 뉴스들이 점차 늘고 있습니다. 느린학습자, 경계선 지능 등으로 불리고 있는 이 아이들은 일명 IQ라는 웩슬러 지능검사 기준 지능지수 70~79*이거나 DSM** 기준 71~79점에 해당하며, 지적장애인과 비지적장애인 사이에 있습니다. 지적장애 기준이 IQ 70까지이므로 71부터의 경계선지능을 가진 이 아이들은 비장애인으로 분류됩니다. 하지만 학습 능력이나 사회적 공감 능력 등이 비장애인에 비해 부족한 경우가 많습니다. 따라서 자연스럽게 복지의 사각지대에 놓이게 됩니다.

통상 IQ 70~85에 속한 사람들을 경계선지능이라고 지칭하지만, 오차 등을 감안하여 70~79에 해당하는 사람들로 볼 수 있습니다. 약 13퍼센트가 해당하거나 그보다 적을 수 있지만, 20명 기준 한 학급에서 한 명 또는 두 명이 경계선지능에 해당한다고 볼 수 있습니다.

지능지수가 평균보다 낮기 때문에 또래에 비해 정신연령이 낮고 학습 능력, 어휘력, 인지능력, 사회적 대인관계에 어려움을 느낍니다. 하지만 지적 장애로 분류하기에는 일상생활이 가능한 경우가 많습니다. 그래서 발견과 치료가 늦어지고, 적절한 교육을 받지 못해 오히려 많은 어려움을 겪습니다. 아직 경계선지능 아이들에 대한 지원체계가 부족하고 제대로 된 홍보가 이루어지지 않다 보니 인식이 좋지 않은 면도 있습니다. 그래서 경계선지능 아이를 둔 부모는 양육에 대해 많이 고민하면서도 별다른 방법과 대책을 찾지 못하는 실정입니다. 학교라는 공간의 특성상 교사 한 명

* 지적 장애 기준이 70까지이므로 70은 지적 장애로 등록 가능하다.
** 미국 정신의학회 서적으로 정신 질환의 기준으로 사용된다.

이 많은 학생을 책임져야 합니다. 당연히 느린 학생에게만 시간을 더 들이기 어렵다 보니 적절한 교육은 더 힘들어집니다.

더불어 느린학습자 학생들은 사회적 대인관계 능력이 부족한 경우가 많습니다. 흔히 EQ라는 감성 지수 또는 감정적 지능지수라는 공감 능력이 부족합니다. 물론 느린학습자라고 다 공감 능력이 부족한 것은 아니지만, 주변 상황에 대한 판단, 자기감정에 대한 인식과 수용, 언어 능력 부족으로 인한 소통 부족 등으로 사회적 대인관계가 어려운 것이 현실입니다. 이는 많은 학생이 함께하는 교실에서 느린학습자가 힘들어지는 요인 중 하나로, 다양한 관계 속에서 자기 조절과 감정 표현을 배워야 하는 교실에서 공감 능력이 부족한 느린학습자들은 자연스레 천덕꾸러기나 자기표현이 서투른 학생으로 보일 수 있습니다.

이런 학생 간의 소소한 갈등은 교사에게도 영향을 미쳐 결국 느린학습자에 대한 선입견을 만들기도 합니다. 이로 인해 사회화를 배우는 중요한 기관인 학교에서마저 점차 소외되는 학생들이 생깁니다. 느린학습자는 개인 활동(운동)은 곧잘 하지만, 다른 친구와 함께하거나 규칙이 복잡한 활동에서는 갈등을 빚는 경우가 많습니다. 그리고 놀이 활동에서 규칙을 이해하지 못해, 자칫 규칙을 지키지 않는 사람으로 오해받기도 합니다. 그렇게 집단 내에서 점차 소속감을 잃어가다가 존재감도 낮아지게 됩니다.

이런 문제를 해결하기 위해 경계선지능 아이를 둔 학부모들이 자조모임을 만들고 유대감을 형성하면서 함께 노력하기도 합니다. 구로구의 하랑 같은 모임도 그중 하나입니다. 이 책에 느린학습자 부모회 하랑 카페에 속한 아이들의 이야기를 담았습니다. 더 많은 노력과 시간이 필요한 아이들이 사회의 따뜻한 이해와 기다림 속에서 스스로 성장할 수 있도록, 독자들이 손을 내밀어주시기를 바랍니다.

"빨리 와" 대신 "같이 가자"라고 말해주는 날을 희망합니다.

가정에서 보는 느린학습자

○○●●

"예준아 엄마가 아까 책 읽고 난 다음에 수학 문제 풀라고 했잖아. 그런데 지금 뭐 하고 있는 거야!"

오늘도 엄마의 목소리가 높아진다. 예준이는 엄마 말대로 책을 읽기는 했지만 이내 집중력을 잃고 딴짓을 하고 있었다. 옆에 앉아서 하나씩 알려주면서 읽으면 괜찮은데, 집안일 때문에 엄마가 잠시 자리를 비우면 금세 딴짓을 한다. 그래서 엄마는 한시도 옆을 벗어날 수 없다. 아이를 두고 집안일을 제대로 할 수 없으니 야속하고 미울 때도 있다.

얼마 전에는 혼자 책을 잘 보고 있어 집안일을 좀 하려 했다. 그런데 예준이가 높은 곳에 있는 물건을 내리다가 다쳐서, 불안하고 걱정되어 이제 한시도 벗어날 수 없다. 혼자서 조금만 뭘 해주면 좋으련만 그게 잘 안 되니 딱 붙어 있다시피 하고 있다. 그런데 같이 있는 시간이 많아질수록 잔소리가 늘고 싸우는 일이 많아져 마음이 아프다.

초등학교에 입학할 때가 되어가니 엄마의 마음도 급해진다. 입학 전에 최소한의 한글도 배우고 간단한 셈도 할 줄 알아야 하는데 도통 늘지 않는다. 주위 사람들 이야기를 들으니 또래들은 말도 잘하고 빠르면 글씨도 쓴다고 한다. 그런데 예준이는 글은커녕 말도 아직 유창하게 못 한다. 재미있다는 그림책을 사서 읽어주면 곧잘 이해하고 좋아하지만 그때뿐이다. 내용을 물어보면 '모른다'고만 말한다. 자기가 좋아하는 것에 대해서는 눈을 반짝이며 말해서 잘 아는 것 같지만, 조금만 어려워지면 모르쇠로 일관하니 답답함을 넘어 화가 나기도 한다. 유치원에서 만나는 주변 아이들은 말도 참 잘하던데, 예준이는 원래 말이 조금 느린 것이니 금방 따라갈 거라고 기대하고는 있다.

하지만 얼마 전 유치원에서 상담 때 들은 선생님 말씀이 생각났다.

"어머님, 죄송하지만 아무리 봐도 예준이가 또래보다 너무 느린 것 같아요. 친구들은 간단한 한글도 읽고 쉬운 거는 쓰기도 하거든요. 예준이는 읽는 것도 잘 안 되고 쓰기는 도통 늘지 않네요. 죄송하지만 예준이랑 같이 검사를 받아 보는 게 어떨까요? 오래 고민하고 말씀드리는 것이니 집에서 상의해보시면 어떨까 해요."

처음에는 누가 머리를 쾅 때리는 줄 알았다. 사실 예준이 엄마도 조금씩 의심하고 있었다. 주위에서는 원래 느린 아이들이 있다고 괜찮다고 말해지만, 어느 때부터 마음 깊은 곳에서 불안감을 넘어 이상함을 확실히 느끼고 있었다. 키가 크듯 지능도 쑥쑥 자랄 거라고 생각했는데, 예준이는 예상과 달리 너무 느렸다. 주변 지인들도 걱정되는 말을 하기도 하고, 양가 부모님들도 조금씩 걱정하는 눈치가 보여 불안해지는 중이었다. 상담이 끝나고 집에 와 남편과 상의했고 병원에 가보기로 했다. 마음이 더 무거워졌다.

느린학습자의 특성

1. 인지적 특성

느린학습자는 낮은 지능지수로 인해 인지적 능력이 부족한 경우가 많습니다. 인지적 능력은 집중력과 사고력, 기억력과 같이 학습에만 필요한 것이 아니라, 일상생활에 필요한 단순 기억력, 추상적 사고 등 다방면으로 필요한 능력입니다. 그래서 느린학습자의 인지적 특성을 파악하고, 이를 바탕으로 다양한 해결책을 연습해보는 것이 필요합니다. 느린학습자에게는 반복과 연습이 더 필요합니다. 가정에서 비슷하면서 조금씩 다른 문제를 풀거나, 추론 과정이나 개념을 연관 지어보는 연습을 통해 많은 지적 자극을 줄 필요가 있습니다. 다음은 느린학습자의 대표적인 인지적 특성들입니다. 각 특성을 이해하고, 부족한 면을 향상시킬 방법을 아이와 함께 고민해보시기를 바랍니다.

주의 집중이 어렵습니다.

또래에 비해 집중하는 시간이 짧습니다. 활동 중 금세 집중력을 잃고 딴짓하는 경우가 많습니다. 하지만 본인이 재미있으면 주의 집중을 잘하는 편이라서 흥미 있는 것에 집착하는 면이 있습니다. 그래서 수업 시간에 집중이 힘듭니다. 특히 국어나 수학처럼 집중력과 사고력이 필요한 과목에 더 어려움을 겪습니다. 하지만 본인이 좋아하는 과목이나 영역에는 집중력을 발휘하는 경우가 많아, 한 영역에 지식이 치우치는 경향도 있습니다. 그래서 아이가 어떤 것을 좋아하는지 파악하여, 그 영역을 바탕으로 집중력 훈련과 인지능력 향상을 위한 학습 훈련을 하는 것이 좋습니다.

기억력이 좋지 않습니다.

단기기억은 어느 정도 유지되지만, 장기기억으로 전환하는 기억 책략 등이 부족하여 오늘 배운 내용을 내일 잊는 경우가 많습니다. 그래서 외우는 학습에는 오랜 시간과 반복, 많은 노력이 필요합니다. 처음부터 모든 것을 외운다고 생각하지 말고 쉬운 것부터 천천히 반복하는 연습이 필요하며, 단계별로 세분화해 훈련해야 효과를 거둘 수 있습니다. 그리고 일상생활과 관련지어 연습하는 것도 좋은 방법입니다. 예를 들어 덧셈이라면 수저 놓기, 곱셈이라면 마트 장보기처럼 부모와 함께 일상생활에서 천천히 학습하면 효과를 볼 수 있습니다.

복잡한 공부는 힘들어하는 경우가 많습니다.

단순 계산이나 글쓰기는 곧잘 하지만, 복합적인 계산이나 서술형 문제 등 복잡한 인지 과제는 어려워해서 지속적인 실패로 자신감을 잃는 경우가 많습니다. 복잡한 사고 능력이 필요한 과제인 경우 단계별로 쪼개어 하나씩 반복해 배워야 효과적입니다. 그래서 자기 생각을 길게 써야 하는 서술형 문제를 해결할 때는 먼저 짧은 글을 적어보고, 그 글을 바탕으로 조금씩 살을 붙여 문장을 만드는 연습을 하면 좋습니다. 처음부터 긴 글을 바로 쓰게 하면 글의 맥락을 구성하는 데 어려움을 겪을 수 있습니다.

개념적인 사고와 추상적인 사고가 어렵습니다.

단편적인 지식을 기억하는 것은 가능하지만, 개별적인 지식을 연결 짓는 개념적 사고에는 어려움을 겪습니다. 그래서 단순 개념 나열은 가능하지만 배운 내용을 연관 짓는 확산적 사고는 어려워합니다. 이미 아는 내용을 종이에 적고, 서로 연결해 관계를 확인한 후 사고를 확장해가면 좋습니다. 예를 들어 교통수단의 발달이 우리 생활에 미친 영향을 배우는 초등학교 3학년 사회 내용을 학습한다면, 알고 있는 교통수단을 먼저 적습니다. 그리고 각 교통수단의 장단점, 과거와 현재 교통수단의 차이점 등을 천천히 연결지으면서 공부하면 효과적입니다.

아이들은 눈에 보이지 않는 추상적 개념을 어려워합니다. 그래서 추론 학습에서는 원인과 결과를 바탕으로 천천히 사고하도록 도와야 합니다. 예를 들어 국어 시간에 원인과 결과를 바탕으로 글에서 드러나지 않은 부분을 추론하는 것을 배울 때는, 글에서 중요하다고 생각되는 단어와 문장에 줄을 쳐 기억을 되살리는 과정이 필요합니다. 그리고 그 단어와 문장을 바탕으로 글을 정리하여 원인과 결과를 파악하는 과정을 연습하면 좋습니다.

문제해결력이 부족합니다.

주의 집중력이 부족하고, 지식의 연결이 어렵다 보니 복잡한 문제를 해결하는 데 어려움을 겪습니다. 평소 자주 해결해보면서 훈련된 문제는 괜찮지만, 생소한 문제나 문해력이 필요한 문장제 문제를 풀 때는 어렵습니다. 이때는 이미 아는 개념과 모르는 개념을 구분하고, 알고 있는 개념을 바탕으로 사고를 확장하는 훈련이 필요합니다.

2. 정서적 특성

느린학습자들에게 학습이나 기억력, 사고력만큼이나 어려운 것이 감정 공감, 감정 표현입니다. 가정, 학교를 넘어 장기적으로 사회의 한 구성원으로 살아가야 할 우리 아이들에게 가장 부족한 것이 바로 감정에 대한 이해와 표현입니다. 어릴 때는 모두 정서적으로 발달이 느리므로, 느린학습자도 큰 차이를 느끼지 못합니다. 하지만 초등학교 저학년만 되어도 선생님이나 친구들과의 관계에서 감정 이해, 표현, 공감 능력의 부족으로 갈등이 잦아질 수 있습니다. 그래서 느린학습자의 존재감과 소속감을 위해 타인의 감정에 공감하고, 자기감정을 표현하는 훈련이 필요합니다.

정서 발달이 상대적으로 느립니다.

정서 발달이 상대적으로 느려 어린아이의 정서적 특성을 가지는 경우가 많습니다. 그래서 부모에게 과도하게 집착한다거나, 주위에 관심을 받고 싶은 욕구들이 강해서 단체 생활에서 어려움을 겪습니다. 타인에게 자기감정을 표현하는 것이 서툴고, 보육기관이나 익숙하지 않은 공간에 들어갈 때 느끼는 어색함과 생소함을 표현하는 방법을 몰라 타인을 불편하게 만들 수 있습니다. 그래서 평소에 자기감정에 이름을 붙여보는 연습을 하면 좋습니다. 그리고 자기감정을 그림이나 말, 행동 등으로 표현하는 방법을 배워 타인에게 감정을 표현하는 연습을 해야 합니다.

심리적으로 위축되는 경향이 있습니다.

주변 분위기를 파악하거나 상대방의 감정과 의도를 파악하는 능력이 부족하여, 혼나거나 본인의 잘못을 고쳐야 한다는 말을 들을 때 위축되는 경우가 많습니다. 다른 사람의 감정을 인식하고 수용하는 능력이 부족하여, 잘못된 반응으로 오해나 갈등이 생기기도 합니다. 그래서 평소 부모와 함께 타인의 감정을 이해하고 어떤 감정인지 알아차려, 공감하는 연습을 하여 오해가 생기지 않도록 도와주어야 합니다. 특히 비언어적 표현인 표정, 행동, 말투, 억양 등을 다양한 상황을 통해 연습하여, 최소한 타인의 감정이 긍정적인지 부정적인지 정도만이라도 구분할 수 있도록 연습해야 합니다.

다른 사람을 쉽게 받아들이는 면이 있습니다.

정서적으로 의존적인 느린학습자 아이들은 집단에 소속감을 느끼기 위해 타인을 쉽게 용서하고 수용하는 경향이 있습니다. 그리고 지속적인 실패감으로 존재감과 소속감이 부족하게 되면 다른 사람과의 연결에 목말라 할 수 있습니다. 그래서 더 쉽게 상처받고, 타인에게 잘못된 방법으로 표현하여 오히려 사람들과 멀어지기도 합니다. 평소 다른 사람과 소통하고 관계 맺는 방법을 가르쳐 자존감과 소속감을 키워줄 필요가 있습니다.

충동적인 면이 있습니다.

나이가 들면서 가족, 학교 등에서 받은 부정적 반응에 방어하려고 잘못된 신념을 형성하거나, 타인의 반응에 공격적이거나 충동적으로 반응하는 경향이 생깁니다. 사회화 과정에서 얻는 부정적 경험은 나와 다른 사람 그리고 삶에 대한 부정적 해석을 만들어 잘못된 결정을 반복하게 합니다. 그래서 지나치게 방어적이거나, 거꾸로 과도한 공격성이 나타나기도 합니다. 두 가지 행동 모두 상처받지 않기 위한 자기방어로 결국 집단에서 스스로 소외되게 만듭니다. 다른 사람의 부정적 피드백에 반응하는 방법을 다양한 예시를 통해 배워야 잘못된 신념을 바로잡을 수 있습니다.

부정적 반응에 우울감을 느끼기도 합니다.

계속되는 부정적인 시선과 피드백으로 사회적 고립과 자기 비하를 겪으며 우울감을 느낄 수 있습니다. 이는 자존감을 떨어뜨려 '나는 아무것도 할 수 없다'라는 생각에 빠져들게 합니다. '나는 못해' '힘들어' 등 회피하는 말을 자주 하는 아이는 이런 우울감에 빠져가는 상황입니다. 스스로 괜찮은 사람이라고 느끼고, 필요한 존재라는 것을 느끼도록 부모의 격려와 지지가 필요합니다. 작은 곳에서부터 성취가 반복되면 성공감을 느낄 수 있고, 이를 바탕으로 자존감과 소속감을 느끼기 위한 행동을 올바른 방법으로 할 수 있습니다.

3. 사회적 특성

느린학습자는 부족한 지적 지능과 정서 지능으로 인해 타인과의 관계를 어려워하는 경우가 많습니다. 일상적인 대화는 괜찮지만 조금이라도 복잡한 대화나 학습, 업무적인 대화에는 어려움을 느끼기도 합니다. 부족한 어휘력과 주의 집중력으로 대화의 맥락을 이해하지 못하기도 하고, 타인의 감정을 알아차리고 공감하는 능력이 낮아 상황 판단 능력이 부족하기 때문입니다. 그래서 군중 속의 고독처럼 집단 안에서 대화에 참여하지 못하고 관계 형성에 어려움을 겪기도 합니다.

사회성을 기르기 위해 자신이 들어야 할 때와 말해야 할 때를 구분하는 연습과 더불어, 맥락에 맞는 맞장구 같은 비언어적 표현도 배워야 합니다. 다음은 느린학습자의 중요한 사회적 특성을 정리한 내용입니다. 각 특성을 이해하고, 가족 안에서 대화의 맥락을 찾는 방법을 꾸준히 연습할 필요가 있습니다.

적절한 단어를 떠올리지 못할 수 있습니다.

기억력이 좋지 않고 주의 집중력이 부족하여 또래에 비해 어휘력이나 언어 구사 능력이 부족할 수 있습니다. 말은 자신이 알고 있는 어휘를 넘을 수 없습니다. 그래서 어휘력이 부족한 우리 아이들은 말을 더듬거나 아예 말을 하지 못할 수도 있습니다. 그래서 일상생활에서 상황을 설정하여 대화를 연습하는 노력이 필요합니다. 예를 들어 물건을 사거나, 음식을 주문하는 등 일상생활에서 자주 반복되는 영역을 몇 가지 정하고 대화를 연습하고 실제로 적용하면서 자신감을 키워줄 필요가 있습니다.

대화할 때 어색함을 느낄 수 있습니다.

어휘력과 언어 이해력이 부족해 대화 상황에서 적절한 표현을 찾기 어려운 경우가 있습니다. 이로 인해 자신의 생각을 말로 표현하는 데 어려움을 겪을 수 있습니다. 일상생활을 넘어 다른 사람과 복합적인 소통이 필요한 경우, 우리 아이들은 더 큰 어려움을 느낍니다. 다른 사람의 말에서 맥락을 읽고, 이를 바탕으로 자기 생각을 말하는 기술이 부족하기 때문입니다. 그래서 이런 기술을 연습하기 위해서는 평소 부모와 다양한 상황을 만들어 상황극을 해보는 것도 좋은 방법입니다. 예를 들어 다른 사람이 화를 내거나 기뻐할 때 어떻게 말해야 하는지 연습하면서 타인과의 소통 능력을 향상시키는 노력이 필요합니다. 타인과의 언어 소통에 조금씩 익숙해지면 원활한 대화가 가능해집니다.

주변 상황을 파악하는 능력이 부족합니다.

다른 사람의 표정이나 말투에서 감정을 읽거나 주변 분위기를 통해 상황을 이해하는 능력이 부족해 눈치 없는 사람으로 비칠 수 있습니다. 학생들 간 갈등 중 가장 흔한 것이 서로의 표현 방법에 대한 오해입니다. 예를 들어 A라는 친구가 아무 생각 없이 말했을 때, B가 대화에 집중하지 않거나 잘못 이해해 다툼으로 번지는 경우가 있습니다. 느린학습자는 집중력이 부족해 대화의 맥락을 이해하는 능력과 다른 사람의 감정에 공감하고 알아차리는 능력이 떨어져 주변 상황을 파악하기 어려운 경우가 많습니다. 이로 인해 맥락에 맞지 않는 말을 하여 친구들이 답답해하거나 감정적으로 다투기도 합니다. 따라서 가정에서 평소 아이와 대화할 때 현재 나누는 대화의 의미와 맥락을 알려주면 좋습니다.

대인관계 기술이 부족합니다.

기본적으로 언어적 소통이 쉽지 않다 보니 또래와 잘 어울리지 못하는 경우가 있습니다. 그래서 또래 집단에 대한 소속 욕구가 강한 편인데 이로 인해 정서적으로 어려움을 겪는 경우도 있습니다. 느린학습자는 대화, 소통, 감정 공감 등 대인관계 기술이 부족해 소속감을 제대로 느끼지 못하는 경우가 많습니다. 그래서 모둠 활동에 소극적이거나, 오히려 공격적으로 반응하여 갈등의 중심이 되기도 합니다. 인지, 정서, 사회적 지능 부족이 복합적으로 작용하여, 느린학습자가 존재감과 소속감의 부족을 잘못된 방법을 통해 채우려 하기 때문입니다. 대인관계 기술은 사람을 많이 만나면서 부딪히고 깨지면서 배우는 것이라고들 말하지만, 느린학습자는 이마저도 부정적 피드백만 받는 경우가 많습니다. 그래서 가정에서 부모와 형제 또는 친한 친구들과의 안전한 관계 속에서 천천히 대인관계를 연습해야 합니다.

학교에서 보는 느린학습자

○○●●

"예준아, 이렇게 하는 거야. 지난번에 선생님이 알려준 대로 한번 해봐."

담임인 의현은 예준이가 가장 걱정된다. 수업 시간마다 옆에서 자세히 가르쳐주려 하지만, 다음 날이면 다 잊어버린다. 기초학력 부진 학생으로 분류하여 하교 후에 남겨 부족한 국어와 수학을 가르치지만, 이 역시 큰 효과가 없다. 학습적인 면이야 가르치면 조금이라도 발전하는 것 같지만, 사실 친구 관계가 더 문제다. 별것 아니라서 넘어갈 일도 말다툼으로 번지는 경우가 많다. 문제가 생겨 물어보면 오해인 경우가 많아 금세 다시 같이 놀지만, 최근 그 횟수가 늘고 있어 담임 입장에서 생활지도가 어렵다. 심각한 문제는 아니지만 소소한 갈등이 자꾸 생기니 해결하기도 지치고 아이가 위축되는 것 같아 고민이다.

"선생님, 예준이가 또 아무것도 안 하고 놀아요."

지난주 사회 시간에는 조사 숙제를 위한 모둠 활동 중 큰 싸움이 있었다. 간단하게 우리 지역 역사를 조사하고 그 내용을 모둠 학습지에 정리하면 되는 활동이었다. 그런데 역할을 나누는 것이 문제의 시작이었다. 예준이는 태블릿을 활용해 조사하는 역할을 맡았는데, 정해진 시간이 다 되어가는데도 어떤 내용을 찾아야 할지 몰라 시작도 못했다. 미리 발표 자료를 꾸미고 있던 모둠 친구들이 예준이에게 내용을 물었는데 예준이가 우물쭈물하자 갈등이 생긴 것이다. 의현이 칠판에 검색어와 주요 내용을 미리 적어놓았지만, 그 내용을 검색한 뒤 적절한 자료를 찾는 것이 어려웠던 것 같다.

교사가 미리 찾아 놓은 자료를 제공해 상황을 마무리했지만, 수업 시간이 끝날 때까지 아이들 사이가 서먹한 것은 어쩔 수 없었다. 갈등에 대해 제대로 말해보지 못했기에 상담을 해야 할 것 같았다. 하지만 모둠원을 모두 불러 이야기하면 예준이에 대한 불만이나 비난이 나올 것 같았다. 그래서 우선 예준이를 점심시간에 잠시 불러 이야기하기로 했다.

"선생님, 저도 빨리하려고 했는데, 애들이 자꾸 재촉하니까 뭘 해야 할지 헷갈려서 못 했어요."

의현이 검색어와 주요 내용을 칠판에 적어주었기에 검색이 가능할 것이라 생각했지만 그 점에서 실수가 있었다. 더 구체적인 검색 내용을 적어주거나 예준이 옆에서 모둠 활동을 도왔다면 이런 문제가 생기지 않았을 것 같아 후회되었다. 그래서 다음번에 어려운 일이 있으면 선생님에게 말하라고 했더니, 예준이가 더 풀이 죽어 안쓰럽고 걱정되었다.

하교 후에 다른 모둠원들과 이야기를 나누어보니 예상대로 예준이에 대한 불만이 쏟아졌다. 학생들은 예준이에게 쉬운 역할을 주었고, 다른 친구도 함께 자료 검색을 맡도록 했으며, 가장 간단한 내용만 검색해달라고 부탁했으니 자기들 딴에는 배려했다고 생각한 것 같았다. 최근 들어 예준이와 함께 모둠 활동을 해본 친구들은 자연스럽게 배려하여 가장 쉬운 역할을 주는 경우가 많았다. 학생들의 말을 들어보니 그들 나름의 배려가 있었던 것 같았다.

그러나 정해진 시간이 끝나가도 예준이가 별말이 없자 자료를 찾았는지 물어보았고, 예준이가 우물쭈물하며 제대로 찾지 못했다고 답한 것 같았다. 그랬더니 한 친구가 "그럴 줄 알았다"라고 말했고, 이로 인해 예준이의 기분이 나빠져 그 친구에게 화를 낸 상황이었다. 양쪽 아이들의 이야기를 들어보니 모두 나름대로 노력했지만 사소한 말실수가 문제의 시작이 되었다는 생각이 들었다. 그래서 그 친구에게 그런 상황이면 선생님을 불러야지 그렇게 말하면 예준이가 어떻게 생각하겠냐고 나무랐다.

말다툼으로 끝난 상황이라 큰일은 아니라고 볼 수 있지만, 점차 예준이를 안 좋게 보는 친구들의 말과 행동에 변화가 필요하다고 느꼈다. 친구들의 무시하는 듯한 말과 행동이 예준이를 위축시키고, 때로 공격적인 면을 보이게 하였다. 문제의 해결을 두고 근심이 깊어졌다.

느린학습자 자가진단 리스트

내 자녀가 느린학습자가 아닐까 걱정된다면, 네 가지 기준으로 확인해보세요.

첫째, 인지 영역으로 주의집중 시간이 짧고, 과제를 할 때 주의가 산만합니다. 글자나 숫자를 자주 헷갈리고, 비슷한 단어를 듣고 구분하기를 어려워합니다. 익숙한 장소도 자주 잊고, 바로 알려줘도 잊어버립니다. 오늘 학교에서 배운 것을 기억하지 못합니다.

둘째, 학습 영역으로 주어진 시간 내 과제를 못 끝내고, 글을 읽을 수 있지만 이해하지 못합니다. 또래에 비해 잘 읽지 못하고, 발음이 정확하지 않습니다. 받침 있는 글자를 쓰기 어려워하고, 또래보다 학습 속도가 느립니다. 일상적인 학습(시계 보기, 돈 계산 등)을 못 하고, 배운 것을 다른 곳에 적용하는 데 어려움을 느낍니다.

셋째, 언어 영역으로 다른 사람의 말을 잘 알아듣지 못하고, 자세하게 설명해주지 않으면 이해하지 못합니다. 말할 때 제대로 된 어휘를 구사하지 못하고, 복잡한 질문에는 엉뚱한 대답을 합니다. 또래보다 어휘력이 부족하고, 낱말의 뜻을 잘 이해하지 못합니다. 평소에 쓰는 어휘가 제한적입니다.

넷째, 사회적 특성 영역으로 또래들과 잘 어울리지 못하고, 혼자 있을 때가 많습니다. 주변 상황을 잘 파악하지 못해 엉뚱한 행동을 할 때가 많고, 다른 사람의 감정에 관심이 없거나 잘 파악하지 못합니다. 과제를 끈기 있게 수행하지 못하고, 자신감이 부족해 '나는 못한다'고 말하는 경우가 많습니다. 조금이라도 어려운 과제가 주어지면 포기합니다.

사회에서 보는 느린학습자

○○●●

"어떻게 먹고살지?"

민준(가명)이는 이제 성인이 되었다. 선생님이 추천한 특성화고등학교를 졸업하긴 했는데, 막상 성인이 되니 어떻게 먹고살지 고민이 되었다. 고등학교에서 배운 기술을 반복해 익히다 보니 자신감이 생겼고 자격증도 몇 개 땄지만, 실제 활용에 대해서는 막막했다. 부모님이 청년 정책 안내문이라면서 종이 몇 장을 가져오셨지만, 빽빽한 글자가 눈에 들어오지 않았다. 주변 친구들은 나름 살길을 찾아 취업해 보려 하는데, 나만 뒤처진 것 같아서 하루하루가 우울하다.

얼마 전 아빠와 엄마가 집 대출에 대한 이야기를 하는 것을 들었다. 대화에 끼고 싶어 귀 기울였지만 금리, 이자, 원금 등 어려운 단어가 많아 도통 낄 수가 없었다. 어른이 되면 직업도 얻고 현실적인 문제도 혼자 해결할 수 있을 거라고 생각했는데, 나는 항상 제자리인 것 같아서 걱정만 앞선다.

최근 들어 부모님도 몸이 안 좋아져서 병원에 갈 일이 많아졌다. 언젠가 잠결에 본인(부모님)들이 죽으면 내가 어떻게 될지 고민하는 대화를 들은 적이 있다. 부모님은 계속 함께할 줄 알았는데, 그런 말을 들으니 눈앞이 깜깜해졌다. 아직 혼자 할 수 있는 것이 별로 없는데, 부모님이 안 계시면 어떻게 해야 할지 너무 답답했다. 취직해야 자립할 수 있다고 생각해 정보를 찾아보려 했다. 하지만 주변에 자세하게 설명해줄 사람도 없고, 졸업한 학교에서도 딱히 직업에 대한 것을 설명해준 적이 없다. 기술고등학교에서 전기회로 자격증을 땄지만, 이것으로 어디에 취직해야 할지 알 수 없으니 초조했다. 그러던 중 부모님과 주변 도움을 받아 한 회사에 인턴으로 취직했다. 주어진 시간은 2년이지만 열심히 해서 인정받고 싶었다.

"민준 씨, 자꾸 지각하면 어떻게 합니까? 화장실은 회사에서 갈 수도 있잖아요."

상호(가명)는 민준이가 취직한 회사의 차장이다. 청년 지원 사업의 일환으로 2년간 민준이의 직업 교육을 맡았다. 민준이가 덩치가 있고 착해 보여서 일은 잘할 것 같았는데, 대화를 나누면서 뭔가 이상함을 느꼈다. 일상적인 대화를 할 때면 내가 누구와 대화하는지 헷갈릴 정도였다. 그래서 일과 관련된 일이 아니면 이야기를 나누지 않게 되었다. 그래도 시킨 일은 잘하니까 괜찮다고 생각했는데 얼마 전부터 민준이가 지각하는 날이 늘고 있었다. 자꾸 화장실 때문에 늦었다고 핑계를 대 난감하면서도 짜증이 났다. 화장실이야 회사에 와서 가도 되니 핑계라고 생각했다. 이 회사에 계속 다니려면 출퇴근 시간을 잘 지켜야 한다고 했는데 도통 지켜지지 않아 난감하다.

민준이의 엄마는 민준이가 회사에 취직해 잘 다니고 있는 모습이 너무 대견했다. 그런데 얼마 전 회사로부터 전화가 왔고 그때부터 근심이 시작되었다. 안 그래도 요즘 민준이가 평소보다 늦게 나가는 것 같았는데 지각을 자주 한다고 연락이 온 것이다. 취업 프로그램에 참여할 때 민준이가 조금 느리고 배려가 필요하다고 솔직하게 말했지만, 민준이만 배려하기에는 무리가 있던 것 같다. 그래서 민준이한테 지각하면 안 된다고 말했더니, 내가 화장실을 가야 해서 지각하는 게 무슨 잘못이냐고 해 할 말을 잃었다. 어렸을 때부터 자기중심적이라 시간 약속을 못 지키는 경우가 많았다. 회사와 잘 이야기해 문제를 해결하고 싶지만 어떻게 해야 할지 몰라 막막하다.*

* 참고 링크: https://youtu.be/v8jVFXd1aOg?si=DmkTG4VXU9l4Tq8o

느린학습자들의 현실적인 어려움

1. 돌발 상황(부상, 화재 등)에 대처가 어렵습니다.

"어느 날 집에 들어가는데 도어록 비밀번호를 잊어버려서 문을 못 열었다고 하더라고요. 그런데 누구한테 연락할지를 몰라서 부모님이 올 때까지 기다렸던 적이 있다고 해요."

느린학습자는 불이 나거나 다치는 등 평소 경험해보지 못한 돌발 상황에 대처하는 것이 어렵습니다. 각각의 지식은 잘 기억해도 그것을 연결 짓는 능력이 부족하다 보니, 도어록 비밀번호를 잊으면 누구한테 연락하는 일이 쉽지 않습니다. 그래서 중요한 비밀번호나 위급할 때 행동 지침을 수첩이나 핸드폰에 적어 자주 보면서 기억하거나, 급할 때 볼 수 있도록 준비하면 좋습니다. 평소 위기 상황 대처 연습을 통해 바로 반응할 수 있도록 반복적으로 연습하는 것이 중요합니다.

2. 일상생활력(요리, 장보기 등)이 부족합니다.

"배가 고플 때 집에 이미 차려진 음식은 먹을 수 있는데, 먹고 싶은 것이 있을 때 뭘 사와서 만들어야 하는지 몰라 결국 못 먹었다고 해요."

느린학습자는 장 보기, 요리, 옷 관리, 청소 등 쉬운 일상적 생활에서도 어려움을 겪을 수 있습니다. 빨래가 가득 쌓여 있거나, 설거지를 안 해서 싱크대가 가득 차는 경우도 있습니다. 그래서 평소 생활에서 반복되는 설거지, 빨래, 청소 등 필수 집안일을 하는 방법을 적어 붙여놓거나, 할 수 있는 루틴을 만들기 위해 반복 학습을 해야 합니다. 글보다는 사진이나 그림 같은 시각적 자료를 활용하는 것이 좋습니다.

귀가 후 루틴

불 켜기 손 씻기 옷 갈아입기

3. 의사소통이 어렵습니다.

"등기우편이 반송되어 우체국에 찾으러 갔는데, 어떻게 말해야 할지 몰라 가만히 서 있다가 왔다고 해요."

느린학습자는 자주 이야기해본 사람과 익숙한 주제로 이야기를 잘합니다. 그런데 새로운 사람이나 처음 경험해본 일이라면 상황에 맞는 말을 못 하는 경우가 있습니다. 그래서 등기우편을 찾으러 종종 가봤던 우체국까지는 갈 수 있는데, 누구에게 물어봐야 할지 몰라 가만히 있을 수 있습니다. 이렇게 사소한 것까지 역할극으로 연습하는 과정이 필요합니다. 그래서 우체국에 갈 일이 있다면, 가족과 함께 상황에 맞는 말이나 행동을 연습하면 좋습니다.

4. 직업 활동에 어려움이 많아요.

"지원센터에서 연계해줘 취업은 됐는데, 일을 잘하지 못해 이것저것 가르쳤더니 갑자기 그만뒀다고 해요."

느린학습자는 고통을 감내하는 능력이 부족합니다. 조금 어렵거나 힘든 업무 지시를 받으면 따르지 않는 경우가 있어 직장 생활에 어려움을 겪습니다. 그리고 인간관계에서 상황에 맞는 말이나 행동을 하지 못하다 보니 직장 내 관계가 안 좋아지는 경우도 많습니다. 또한 의사소통 능력과 사회성이 부족해서 상하관계나 지시를 따르지 않아 갈등이 생기는 경우가 많아 이직이 잦습니다. 장기적인 자립을 위해서는 경제활동이 필수이므로, 가정 내에서 가족과 일을 나눠 하면서 힘들어도 천천히 과제를 수행하는 연습을 해야 합니다.

5. 성교육에 어려움을 겪습니다.

"느린학습자 자녀를 둔 부모에게 민감한 부분이겠지만, 느린학습자는 성관계를 거부하는 것에 대한 관념이 부족해 성 관련 문제 예방이 현실적으로 힘듭니다. 그래서 성관계 후 문제를 해결하는 방법을 가르치는데 이마저도 쉽지 않습니다."

느린학습자는 성관계 후 결과에 대한 예측이 어려운 경우가 많습니다. 그래서 어린 나이에 임신, 출산으로 삶이 급격하게 변하는 경우가 있습니다. 성관계를 거부하거나 싫다고 적극적으로 방어해야 하는데 잘 안 되다 보니 성병에 노출되기도 합니다. 이마저도 질병에 대한 인식이 부족해 심해진 후 병원에 가다 보니 치료가 힘들 때가 많습니다.

6. 돈 관리에 어려움을 겪습니다.

"돈과 액수에 대한 개념이 없어요. 고민하지 않고 가진 돈을 다 썼다고 하더라고요."

돈을 벌거나 얻으면 계획을 세워 일정 비율은 저축해야 하는데, 사고 싶은 물건을 다 사버려서 돈을 모으기가 어렵습니다. 그리고 어느 물건이 더 싼지도 고민해야 하는데, 마음에 드는 물건이 있으면 가격에 구애받지 않고 써버리니 돈이 자주 부족해집니다. 느린학습자는 소비에 대한 개념이 부족한 경우가 많습니다. 그래서 본인 몸에 맞지도 않은 옷을 사거나, 사용하지 않는 물건도 마음에 든다고 사는 경우가 있습니다. 그런 물건을 어떻게 정리하고 사용해야 할지 몰라 그냥 쌓이기도 합니다. 성인이 되면 장기적으로 경제적 자립이 중요한데, 경제적인 문제가 해결되지 않으니 자립 자체가 어려운 학생들이 많습니다. 가정이나 학교, 사회에서 적절한 경제 교육을 받아야 자립이 가능합니다. 집에서부터 용돈을 주고 스스로 관리하는 연습을 하면 좋습니다.

7. 중독에 빠지기 쉽습니다.

"주말에 무얼 했는지 물어보니 하루 종일 스마트폰을 했다고 하더라고요. 얼마 전에는 근무 중에도 게임을 해서 혼났다고 하더라고요."

느린학습자는 자극에 취약한 경우가 많습니다. 집중력이 부족한 느린학습자의 특성상 과제에 몰입하기가 어렵습니다. 그런데 스마트폰은 계속 새로운 자극을 제공하다 보니 매우 쉽게 몰입되어, 일상생활까지 위협받기도 합니다. 스마트폰뿐만 아니라 자기 절제가 필요한 것들에는 중독되기가 쉽습니다. 스마트폰의 경우 사용 관리 애플리케이션을 통해 사용 시간을 제한하거나, 지속적인 약속을 통해 사용 시간을 줄여나가는 방법이 효과적입니다.

8. 시간 관리가 어렵습니다.

"출근 시간을 지키지 못해 회사에서 지적받는다고 합니다. 아침 9시까지 회사에 도착하려면 몇 시에 일어나서 몇 시에 출발해야 하는지 계산을 못 하더라고요."

느린학습자는 시간 관리에 어려움을 겪기도 합니다. 정시에 약속 장소에 도착하려면 언제부터 준비해야 할지 계산을 못 하기도 합니다. 그래서 약속이라는 개념이 얼마나 중요한지 먼저 가르쳐야 합니다. 출근이나 약속이 있을 때 준비하는 루틴을 만들어야 합니다. 씻을 때 걸리는 시간, 대중교통까지 이동하는 시간 등 실제로 준비해보면서 계산하고 그 시간을 바탕으로 약속 시간까지 도착하는 연습을 해야 합니다.

9. 상황에 안 맞는 행동을 합니다.

"버스를 타고 약속 장소에 갈 일이 있었는데, 버스는 제대로 탔지만 내린 후 정류소에 한참 있었다고 합니다. 자주 타는 버스라서 문제 없이 탔는데, 내린 후 어떻게 해야 할지 판단이 안 되어 그랬다고 해요."

느린학습자는 정해진 상황의 선후 관계를 분석하여 말과 행동을 어떻게 해야 할지 판단하는 능력이 부족한 경우가 많습니다. 지능이 부족해 내가 현재 해야 하는 행동, 주변 사람들의 반응 등 일명 눈치를 못 채는 일이 많습니다. 그래서 상황에 맞지 않는 말을 하거나, 적절한 행동을 하지 못하고 멍하니 있는 경우가 많습니다. 상대방의 표정이나 말투로 감정을 알아차리는 법, 일상적으로 반복되는 상황에 대응하는 연습이 필요합니다.

10. 사회자원(도서관, 대중교통 등)을 잘 활용하지 못합니다.

"책을 빌린다고 도서관에 갔는데, 빌리고 싶은 책이 뭔지 몰라서 한참 있다가 왔다고 하더라고요. 자주 가본 도서관이라 갈 줄은 아는데, 가서 무엇을 해야 할지 연결이 안 되는 거예요."

우리가 보통 도서관에 간다고 하면 책을 빌린다는 개념과 연결지어 행동합니다. 하지만 느린학습자는 각각의 개념이 연결되지 않아서 도서관에 가는 것은 가능한데, 책을 빌린다는 행동으로는 연결이 안 되기도 합니다. 비슷하게 마트에 물건을 사러 가야 하는데, 마트에 가는 방법은 알지만 물건을 사야 한다는 것에 연결하지 못해 그냥 돌아오는 경우도 있습니다. 이렇듯 두 가지 행동의 선후 관계가 연결되지 않아 일상생활에서 어려움을 느낍니다. 그래서 주변의 공공기관이나 대중교통, 마트 등 목적에 맞는 사회자원을 활용하는 데 어려움을 겪기도 합니다. 목적에 맞게 순서대로 할 행동들을 종이에 적어 가지고 다니면서 되새기는 노력이 필요합니다.

참고: 경계선지능아동 자립기반 사회인지 매뉴얼 개발 연구(2021), 아동권리보장원

현재까지의 지원과 경과

○○●●

다음은 느린학습자의 성장을 위해 노력해온 송민기 이사님과의 인터뷰를 각색한 글입니다.

느린학습자는 과거에 부진아, 사회성 없는 사람, 소통 안 되는 사람 등으로 불리며 제대로 정의되지 않았습니다. 최근에야 다양한 책과 방송, 조례 등을 통해 관심이 많아지고 있지만, 단순 관심일 뿐 자세히 알려고 하지 않습니다. 저조차 제대로 들여다본 적이 없습니다. 그러던 중 느린학습자 관련 행사에 참여하면서 이들에게 관심을 갖게 되었습니다. 그리고 2014년 EBS의 경계성지능인에 대한 3부작 〈느린학습자를 아십니까〉가 주목 받으면서 더욱 관심을 가지게 되었습니다.

당시 교육복지지원센터(교육복지센터) 네트워크 사업을 확장하던 중, 학습 부진 학생의 학교 적응력 향상을 위한 사업(기초학력 미달)에 공모하면서 인연을 맺게 되었습니다. 처음에는 기초학력으로 시작한 사업이 차츰 교육복지라는 더 큰 틀로 넓어지면서 교육복지센터를 각 교육지원청별로 개설하기 시작했습니다. 그리고 학습부진 학생의 학교 적응력 향상이라는 과업으로 센터를 운영하게 되었고, 센터 업무의 일환으로 100여 명의 성북구 학생을 대상으로 학습 멘토링을 운영하는 사회적 일자리 사업을 시작했습니다.

각 학교의 상황에 따라 다양한 방법으로 멘토링 사업을 운영하는 과정에서 기초학력 미달이 한 학생의 학교 적응에 얼마나 큰 영향을 미치는지 알게 되었습니다. 일명 3R's라는 읽고(Reading), 쓰고(wRiting), 셈하기(aRithmetic)만 되어도 최소한의 학교 적응이 가능한데, 기초학습 부진이 문제의 원인이 된다는 점을 알게 되었습니다. 그나마 학교를 다니는 학생들은 멘토링이나 지원을 통해 문제 해결이 가능한데, 학교 밖 청소년들은 이마저도 접근이 쉽지 않아 어려움을 많이 겪었습니다.

학생들을 겨우 센터로는 데리고 올 수는 있었지만, 학교로 돌려보내기는 쉽지 않았기 때문입니다. 상담 과정에서 학업이나 학교 생활 등의 문제로 가족 내 많은 갈등이 있었다는 것도 알게 되었습니다. 그래서 갈등이 심해져 트라우마가 생기고, 결국 사회적인(후천적인) 느린 학습자가 되는 경우도 있다는 것을 알게 되었습니다.

저도 처음에는 느린학습자를 학습 부진의 영역으로만 보았습니다. 그런데 많은 학생과 만나고 일상을 보내면서 학습 장애적 성격과 더불어 불안한 심리 정서나 선천적 지능 문제가 생각보다 크다는 것을 알게 되었습니다. 초등학교 시절부터 누적된 학습 결손과 학습된 무기력은 중학교에서 크게 드러났습니다. 담임선생님들이 오랜 시간 함께하는 초등학교와 달리 중학교는 상대적으로 담임교사의 관심과 지원이 줄고 학업이 어려워지기 때문입니다. 그래서 오랜 트라우마로 주변 친구나 교사에게 공격성을 가지는 경우가 많았습니다.

결국 학습부진아로 판정이 된 학생들을 집중적으로 연구한 결과 누적된 학습 결손에 의한 학습 부진, 심리 정서적 요인, 지능의 문제까지 세 영역으로 사업을 계획하기로 했습니다. 150여 명 학생을 선정하여 상담 및 치료를 병행한 결과 전체적으로 위 세 요인이 복합적으로 작용한 학생이 많았고, 누적된 학습 결손을 가진 학생도 꽤 있다고 판단했습니다. 이를 위해 지속적인 심리 치료와 좋아하는 것에서 작은 성취를 얻는 것을 목표로 삼았습니다. 치료가 어느 정도 진행되자, 평소 수업에 열심히 참여하지 않던 학생들의 학교 생활도 차츰 달라졌습니다.

최근 이런 느린학습자를 위한 정책들이 차츰 생기고 조례도 만들어지고 있어 조금은 희망적입니다. 하지만 누적된 결손과 오랜 기간의 상처를 가진 학생들을 위해서는 장기적 사업이 필요합니다. 2016년에는 초중등교육법 28조(학업에 어려움을 겪는 학생에 대한 교육) 조항이 수정되면서 다양한 프로그램이 홍수처럼 학교로 들어왔고 나름 유의미한 결과를 보여주었습니다. 이 정책이 효과를 발휘하려면 초등학교 저학년부터 지원이 강화되어야 합니다. 그래야 조금이나마 문제를 해결할 수 있다고 봅니다.

더불어 학교 밖에서는 50여 개 지역에서 느린학습자(경계성지능인)

에 대한 조례와 지원 사업이 진행되고 있습니다. 하지만 체계적으로 연구되고 있는 다문화 정책과 달리 느린학습자는 법령 정비가 늦어, 현실과 법령 사이 왜곡과 불균형이 심한 면이 있어 안타깝습니다. 그래서 법령 정비와 느린학습자를 위한 사업을 수행할 주체 양성이 중요한 과제가 되었습니다. 그리고 몇몇 지역에서 나름의 방법으로 지원하고 있지만 성과 중심으로 왜곡되는 면이 있어 경계할 필요가 있습니다.

또한 ADHD 치료도 중요한 과제입니다. 보통 학생 중 ADHD 비율이 5~10%라면, 느린학습자는 30% 정도가 ADHD 소견을 보입니다. 또한 느린학습자는 산만한 주의집중력으로 사회적 기술 습득이 느려져 더 많은 어려움을 겪습니다. 이 과정에서 안 좋은 선입견으로 인해 또래 집단에서 소외되거나 심하면 따돌림을 받기도 합니다.

느린학습자의 장기적 목표는 진로를 찾아 자립하는 것입니다. 궁극적으로는 생애주기별(학령기 청년기, 성인기)로 기본 활동 및 평생교육(기본 교양, 직업교육 등)이 병행되어야 가시적인 성과를 거둘 수 있습니다.

느린학습자에게 필요한 존재감과 소속감

"하기 싫어."

새롭거나 어려운 일을 시작하려고 하면 이내 자녀는 하기 싫다고 말합니다. 그래서 이유를 물어보면 "그냥" "하기 싫으니까"라고 핑계를 댑니다. 그래서 부모는 답답한 마음에 자녀에게 부탁하거나 호소하고, 결과적으로 화를 내면서 억지로 시키기도 합니다. 점점 자신감이 없어지고, 학교도 가기 싫다고 말하는 우리 자녀는 어떤 마음일까요?

자녀의 마음을 이해하기 위해서는 먼저 부모의 경험을 돌아봐야 합니다. 학년이 바뀌어 새 반에 배정받거나 전학, 새로운 직장 등 경험해보지 못한 새로운 사회에 소속되어야 했던 경험이 있으신가요? 그때 어떠셨나요? 처음 본 사람들과 원래 친한 친구 사이처럼 자연스럽게 지낼 수 있었나요? 자녀에게 학교 그리고 교실은 처음 만나는 사회입니다. 그리고 자녀는 그 사회 안에서 자신이 중요한 존재임을 보여주고 싶고, 집단 안에 소속된 사람이 되고 싶어 합니다.

아들러는 인간 행동의 목적을 **존재감**(효능감)과 **소속감**(연결)이라고 했습니다. 즉 사람은 자신의 존재가 누군가에게 필요하고, 나와 다른 사람과 연결됨을 느끼고 싶어 한다는 것입니다. 그래서 자녀는 자신만의 방법으로 존재감과 소속감을 느끼기 위해 노력합니다. 일반적인 자녀는 자신의 능력을 기반으로 집단에 기여하고, 다른 사람을 존중하는 긍정적인 방법으로 인정받고 소속되는 감정을 느낍니다. 하지만 지적 능력이나 공감 능력이 부족하거나, 실수로 무안을 당한 경험이 있거나, 집단에서 소외되는 등 부정적 경험이 있는 자녀는 부족한 자존감과 소속감을 채우기 위해 흔히 말하는 **문제 행동**을 시작하게 됩니다.

가정이라는 사회화의 첫 관문을 지난 자녀는 처음 접하는 사회인 보육기관이나 학교에서 학업과 학교에 대한 적응, 선생님과 친구들과의 관계 등 자신을 둘러싼 사회에 적응하려고 저마다의 방법을 사용합니다. 하지만 느린학습자는 인지적, 정서적, 사회적 능력이 부족해 이런 방법을 잘 알지 못하거나, 말로 표현하는 것이 서툴러 의도치 않게 타인을 존중하지 않는 방법으로 표현하기도 합니다. 그래서 보육기관, 초등학교에서 타인의 부정적인 피드백을 받게 됩니다. 그렇게 채워지지 않은 존재감과 소속감을 느끼기 위해 더 움츠러들거나, 자신을 방어하는 소극적인 방법이나, 소리를 크게 내거나, 모둠 활동을 방해하는 적극적인 방법을 사용하기도 합니다. 하지만 이는 문제 해결에 도움이 되지 않습니다. 더 부정적인 피드백을 받게 되고, 자신감이 부족해지고 친구 관계가 악화되는 등 악순환에 빠집니다.

즉 자녀가 자주 "나는 못해" "난 친구가 없어" 등 자신감을 잃고 주변 관계에 대해 부정적으로 말한다면, 현재 소속된 집단(가정이나 보육기관, 학교 등)에서 존재감과 소속감을 제대로 느끼지 못하고 있다는 뜻입니다. 그럴 때 부모는 혼내거나 다그치기보다 현재 자녀가 맞닥뜨린 문제를 파악하고 그 해결에 집중할 필요가 있습니다.

자녀의 존재감과 소속감을 높이려면 어떻게 해야 할까요? 발표를 두려워하는 자녀를 예로 들어보겠습니다. A는 초등학교 저학년 때 곧잘 손을 들고 발표했지만, 3학년이 되면서 발표를 잘 안 하게 되었습니다. 그리고 언젠가부터 "나는 못한다"는 말을 자주 하게 되었습니다. 이런 상황의 문제는 무엇일까요? 보통 부모는 "그냥 하면 되지 그게 뭐가 어려워" 하며 지시하거나, "뭐가 어려워?" "왜 안 해?" 같은 질문을 하면서 도움을 주려고 합니다. 하지만 이는 자녀가 수업 시간에 발표하는 데 큰 도움을 주지 못합니다. 이미 누적된 실패 경험으로 자신감이 떨어진 자녀에게 왜 안 하는지, 뭐가 어렵냐고 물어보는 것은 자녀가 스스로의 능력을 의심하게 만듭니다. '다른 사람들은 다 잘하는데, 나는 못해.' 이런 생각과 함께 부모의 말에 더 의기소침해지거나, 다른 친구들과 비교하며 더 소극적으로 변하기도 합니다. 그렇다면 부모가 집중해야 하는 문제는 무엇일까요? 바로 A가 수업 시간에 발표하는 것을 어려워한다는 것입니다.

한때 《칭찬은 고래도 춤추게 한다》라는 책이 선풍적인 인기를 끈 적이 있습니다.

우리 사회에는 칭찬은 좋은 것이라는 생각이 저변에 깔려 있습니다. 하지만 자녀의 성장을 위해서는 칭찬의 개념을 다시 정립할 필요가 있습니다. "잘했어"라고 말하여 행동의 성과를 평가하는 것이 아니라, 과제를 수행하기 위해 노력했던 과정을 격려하는 것으로 바꿔야 합니다. 아들러는 칭찬을 '권위의 산물'이라고 불렀습니다. 칭찬은 권위가 높은 부모(교사)가 권위가 낮은 자녀(학생)에게 주는 것이기 때문입니다. 그래서 칭찬은 자녀가 한 행동의 결과물에 집중하고, "잘했어"라는 말로 자녀의 결과를 평가합니다. 그리고 잘했다는 것의 기준 역시 부모에게 있으므로 부모의 기준과 잣대를 바탕으로 자녀를 봅니다. 그래서 자녀는 부모의 칭찬에 목말라 하면서 부모가 좋아하는 행동을 하려고 노력합니다.

하지만 점차 부모의 기대치는 높아지고 실패하거나 성취가 부족하다는 이유로 점차 칭찬을 하지 않게 되거나, 칭찬의 횟수가 줄어듭니다. 귀찮은 듯이 "어~ 그래"라고 말하며, 성의 없이 반응하기도 합니다. 칭찬이라는 외적 보상에 길들여진 자녀는 줄어든 외적 보상으로 인해 과제에 대한 목적을 잃고, 존재감을 잃게 됩니다.

하지만 격려는 칭찬과 다릅니다. 격려는 자녀가 수행 과정에서 노력한 모습에 집중하고, 그것을 부모가 눈여겨보았다는 지지를 보냅니다. 그리고 권위 유무와 관련 없이 부모와 자녀가 서로에게 할 수 있으며, 자녀의 성공과 실패 여부와 상관없이 부모의 감정을 담아 사랑을 전할 수 있습니다. 즉 격려는 노력하면서 과제를 수행한 과정을 본 부모가 마음을 담아 전달하는 말입니다. 그래서 격려는 부모(외부)가 자녀에게 부여하는 것이 아니라, 자녀가 노력한 과정(내부)을 알아주고 인정하는 말입니다. 부모의 격려를 바탕으로 자녀는 용기를 얻고 한 걸음 앞으로 나아갈 수 있게 됩니다. 다음 표를 통해 칭찬과 격려를 비교해봅시다.

칭찬	격려
결과에 집중함.	과정에 집중함.
평가가 들어가 있음.	평가보다 자녀의 행동(노력)에 집중함.
부모의 기준으로 자녀를 봄.	자녀의 말과 행동(노력)을 인정해줌.
권위가 높은 사람이 낮은 사람에게 줌.	권위 유무와 관계없이 할 수 있음.
평가의 말을 전달함.	자녀의 행동에 대한 부모의 감정을 표현함.
외적 동기	내적 동기
좋은 결과를 얻지 못하면 동기가 떨어질 수 있음.	스스로 능력을 신뢰하게 되어 장기적으로 효과적임.
"잘했어."	"네가 노력하는 모습을 보니 너무 행복하다."

그렇다면 발표를 두려워하는 자녀를 어떻게 격려할 수 있을까요? 수업 시간에 발표했다는 자녀에게 "잘했어"라고 말하기보다, "네가 노력하는 모습을 보니 아빠는 너무 행복해. 도움이 필요하면 아빠에게 말해줘" 같은 말로 지지와 사랑 그리고 도울 수 있다는 피드백을 담아 격려하는 것이 더 효과적입니다. 그리고 부끄럽거나 어려워서 발표하지 못했다고 말하는 자녀에게는 "아빠는 네가 노력하는 모습을 봤어. 부끄럽다면 아빠와 같이 연습해볼까?" 하며 함께 연습도 해야 합니다. 자녀에게 "그냥 눈 딱 감고 한번 해봐"라고 말하기보다 부모와 함께 연습하는 과정에서 자신감을 얻는 것이 더 효과적입니다.

칭찬은 잘한 행동을 발견하지 못하면 하지 못하지만, 격려는 자녀의 평소 행동에도 의미를 담아 전달할 수 있습니다. 칭찬은 고래를 춤추게 하지만 격려는 자녀를 나로서 괜찮은 사람(존재감 형성)으로 만듭니다. 부모가 격려하면 자녀는 자기 능력을 스스로 알아차리고, 내가 얼마나 소중한 존재인지 깨닫는 기회를 얻게 됩니다. 그리고 가정 안에서 본인이 얼마나 소중한 존재이고, 얼마나 필요한 존재(소속감 형성)인지 깨닫게 하여 가정, 학교, 사회에서 자립하도록 도와줍니다. 수업이 어렵거나, 친구들과의 관계에서 힘들어하는 자녀에게 따뜻한 격려의 한마디를 해보면 어떨까요?

"유준아, 네가 놀이터에서 친구들을 존중하고 웃으며 함께 노는 것을 봤어. 그런 모습을 보니 정말 기쁘고 행복하단다."

친절하고 단호한 부모를 위한 체크리스트 01

일에 지친 부모가 집에 와 휴식하는 것처럼 자녀에게도 집은 휴식하는 공간입니다. 하지만 부모와 자녀에게 집은 휴식하는 공간이자, 가장 분리하기 어려운 부모 자식 관계가 만들어지고 유지되는 공간입니다. 그래서 학업이나 집안일, 가족 구성원 간의 갈등 요인으로 가장 행복하고 편안해야 할 집이 가장 불편한 공간이 되기도 합니다.

특히 자녀의 느린 특성으로 불안한 부모는 느린학습자인 자녀에게 부족한 학습과 사회화를 위해 여러 가지 (자녀 입장에서 과도한) 과제를 부여하다 갈등이 늘기도 합니다. 자녀가 가장 먼저 존재감과 소속감을 느끼는 공간이 집이자 가정입니다. 그만큼 가정에서의 훈육이 자녀의 장기적 성장에 많은 영향을 미칩니다.

오늘도 힘든 일과를 마치고 온 자녀를 격려하셨나요? 자녀가 느리지만 열심히 그리고 천천히 한 걸음 앞으로 내디딘 과정을 알아봐 주셨나요? 자녀는 부모의 격려에 용기를 얻고 오늘도 한 걸음 앞으로 내딛습니다. 마지막으로 그런 자녀를 격려하고 오늘도 고생했다고 말한 부모 자신도 격려하셨나요? 자녀에게 격려하듯이 나 자신에게도 오늘 하루 너무 고생했다고 격려해보세요. 최고의 격려는 스스로 주는 격려입니다.

"오늘 하루 많은 일을 하고, 자녀를 격려한 나 자신을 격려합니다."

- ☐ 과제를 자녀와 함께 수행했습니다.
- ☐ 자녀의 학습이나 놀이에서 노력한 과정을 주의 깊게 보았습니다.
- ☐ 성과를 평가하는 "잘했어"라는 말보다, 노력을 인정하는 말을 했습니다.
- ☐ 자녀가 노력하는 모습을 보고 든 감정을 솔직하게 표현했습니다.
- ☐ 자녀가 스스로의 능력을 신뢰할 수 있도록 격려했습니다.

CHAPTER 2.

느린학습자들의 이야기

○○●●

느린 아이라는 사실을 유아 때 발견하고 지금까지 일반과 특수의 경계에서 키우면서 엄마도 혼자, 아이도 혼자여서 많이 외로웠습니다. 지금은 하랑(양육자조모임, 배움터)과 함께 키울 수 있어서 행복합니다. 느리지만 꼼꼼하게 한 발 한 발 성장하는 내 아이와 친구들에게 더 힘이 되는 지원이 생기면 좋겠습니다.

하랑의 A 학부모 이야기

아이가 7세에 구로구로 이사 와 어린이집을 보냈을 때 일입니다. 7세 담당 선생님과 첫 상담 중에 가르쳐도 잘 따라가지 못하고 집중을 어려워해 학습도 더디다고 연락받았습니다. 7세면 한창 한글을 배우는 나이지만, 학습보다는 또래 관계에 더 신경 써달라고 부탁했습니다.

선생님께서 밝게 웃으시며 충분히 이해했다고 말씀해주셔서 안심하고 아이를 보냈습니다. 하지만 두 달 정도 되자 다른 아이들에 비해 읽고 쓰기, 가위질이 잘 안 되고 받아쓰기할 때 자꾸만 화장실에 간다는 선생님의 부정적 피드백을 받았습니다. 가정에서 도와줘야 한다며 한글 숙제를 엄청 내주시는 일도 있었습니다. 그래서 제가 "가정에서도 공부를 열심히 시키고 있습니다"라고 했더니, "어머니, 그 정도는 보통들 다 하세요" 하는데 살짝 화가 나기도 하고 서운하기도 했습니다. 그 후 반년 정도 아이와 함께한 선생님은 그제야 아이의 특성이 이해되셨는지 "어머니, 노력하시는 게 보여요"라고 말씀하시는데, 이해받아 다행스럽기도 했지만 한편으로는 씁쓸했습니다. 다른 아이들의 기준에 빗대어 노력하지 않은 아이로 보셨으니까요. 선생님이 느린학습자에 대해 조금만 찾아보았다면 아이가 덜 힘들지 않았을까 하고 생각했습니다.

하랑의 B 학부모 이야기

재작년 초등학교 1학년 소풍 때의 일입니다. 불안한 마음에 담임선생님과 전화 면담을 했습니다. "아이가 의사 표현을 제때 하지 못하니, 장거리 이동일 경우 화장실에 미리 갈 수 있게 해주세요" 하고 부탁했습니다. 학기 초에 조금이나마 도움이 될까 해서, 선생님께 아이의 상태와 복용 중인 약물, 부작용까지 상세히 서면으로 제출하기도 했습니다. 선생님께선 흔쾌히 챙기겠노라 하셨지만, 막상 소풍을 마치고 온 아이를 보니 바지가 축축하더군요. 소풍에 들떠 밤새 재잘거렸던 아이가 정작 얼마나 힘들었을까 생각하면 지금도 마음이 아픕니다. 현재 초등학교 2학년인 아이는 선생님의 세심한 배려로 무난히 학교생활을 하고 있습니다. 느린학습자의 교육 신청을 먼저 안내해주시는 참으로 고마운 선생님입니다. 느린학습자에 대한 선생님의 이해와 관심이 얼마나 큰 차이를 보여주는지 절실하게 느꼈습니다.

하랑의 C 학부모 이야기

미취학과 초등 저학년은 느린학습자 양육자에게 가장 힘든 때인 것 같습니다. 너무 미숙했고, 아이의 느린 속도를 이해하기 어려웠기 때문입니다. 아무도 느린학습자에 대한 정보를 알려주지 않았기에 부모인 저희도 남들과 같은 시선으로 보았습니다. 아이 입장에서는 얼마나 외롭고 무서웠을까 하는 생각이 들어 무척 후회됩니다. 무수한 우여곡절 끝에 지금은 느림을 이해하고, 기질과 특성을 조금씩 공부해가며 가장 중요한 것이 무엇인지를 깨닫고 있습니다. 그러면서 아이와 엄마는 좀 더 마음을 나누고 함께 천천히 걸음을 맞춰나가는 연습을 하고 있습니다. 이제 마음의 간격을 좁혀나가는 것이 그 무엇보다 중요하다는 것을 알게 되었습니다.

하랑의 D 학부모 이야기

다섯 살까지 말을 안 했던 아이입니다. 36개월부터 언어치료를 했지만 쉽게 좋아지지 않았습니다. '아이와 대화라는 걸 할 수 있을까? 평생 말을 안 하면 어쩌지?'라는 생각에 눈물도 많이 흘렸습니다. 그러다 딱 여섯 살 되던 때 평소처럼 놀다가 "엄마 응가"라고 말했습니다. 마치 말을 해오던 아이처럼 아무렇지 않게 말했습니다. 그 감동을 지금도 잊지 못합니다. 첫 시작이 늦어 유창하진 않았지만, 이후로 말을 시작했습니다. 말을 안 할 때 아이가 알고 있을까 생각했던 것도 시간이 지나 물어보니 다 기억하고 있었습니다. 알고 보니 틀릴까 봐 말을 하기 싫었던 것입니다. 완벽주의자 성격이 있어서 더 그랬던 것 같았습니다. 당시에는 아이와 대화만 하면 바랄 것이 없다고 생각했는데, 자꾸 욕심이 생깁니다. 늦지만 자기만의 속도로 커가는 아이라서, 믿고 기다리겠다고 오늘도 다짐해봅니다.

하랑의 E 학부모 이야기

아이의 행동이 부모를 닮아가는 모습에 두려움도 생기고, 성장의 기쁨도 함께 느꼈습니다. 우리도 부모가 처음이라서 언제 어디서든 예상치 못한 상황들이 생기고, 그 안에서 다양한 갈등을 겪습니다. 하지만 저녁 잠자리 시간에 꼭 안아주며 서로의 온기를 나누고 사랑하며 하루를 마무리할 때, 그 어떤 것과도 바꿀 수 없는 행복을 느낍니다. 아이가 크는 만큼 저도 같이 큽니다. 더 멋진 어른이 되고자 노력하면서 사랑과 이해의 마음으로 모든 순간을 소중히 기억하려고 합니다.

하랑의 F 학부모 이야기

자녀를 이해하기 위한 사적논리

"너 도대체 왜 그러는 거야!"

이해가 되지 않는 자녀의 행동에 부모는 이렇게 말하곤 합니다. "내 배에서 나왔지만 도저히 이해할 수가 없다"라고 말하는 부모도 많습니다. 도저히 이해되지 않는 우리 자녀의 행동을 어떻게 이해해야 할까요? 먼저 한 가지 전제가 필요합니다. 내 자녀지만 나와 다른 사람이라는 것부터 인정해야 합니다. 지금은 많이 줄었지만 우리나라는 전통적으로 자녀를 부모의 소유물로 보는 사회적 풍토가 있었습니다. 예를 들어 "엄마 말을 들어야 해" "아빠가 말하면 들어야지"처럼 부모의 말을 강요하는 경우가 있습니다. 더불어 특정 나이대에 특정 행동을 하고, 어느 정도까지 성과를 내야 한다는 의식이 강해 자녀의 성취가 성에 차지 않으면 모질게 대하기도 했습니다.

그런데 우리가 가장 간과하고 있는 것은 아직 자녀가 어린아이라는 것입니다. 부모 자신은 어릴 적에 실수하고 부족했던 기억이 흐릿해져 자녀의 말과 행동을 성인인 부모 기준에 맞춰 생각합니다. 그래서 자녀의 능력이 부족해 보이고, 뭐든지 못마땅해 보이기도 합니다. 자녀를 이해하기 위해서는 첫째, 자녀는 몸과 마음이 성장하는 시기에 있고, 사람은 발달 시기가 조금씩 다르다는 것을 인정해야 합니다. 예를 들어 말을 조금 늦게 할 수 있고, 걷는 것이 과도하게 빠를 수도 있습니다. 하지만 어릴 때를 기억한다면 어떤 것은 느리고, 어떤 것은 빠르지만 결국 우리 모두 성인이 된다는 점에서 큰 차이가 없습니다. 둘째, 자녀를 한 사람의 인격체로서 존중해야 합니다. 그래야 자녀 스스로 괜찮은 사람이라고 여기고, 가정에 소속되어 있다는 행복한 감정을 느낍니다. 셋째, 부모는 자녀의 말과 행동이 이상하다고 생각하지만, 자녀가 보기에는 부모의 말과 행동이 이상합니다. 더 확장한다면, 모든 사람이 저마다의 신념을 갖고 조금씩 다르게 말하고 행동한다는 것을 이해해야 합니다.

이렇듯 이해가 될 듯 말 듯한 우리 자녀의 행동을 어떻게 하면 이해할 수 있을까요? 먼저 자녀를 포함한 다른 사람의 말과 행동의 패턴을 알아야 합니다. 처한 상황에서 어떻게 행동할지 결심하고 행동할 때는 대부분 비슷한 패턴을 보이기 때문입니다.

부모의 외모를 자녀가 닮아가는 것처럼 자녀의 말과 행동 양식은 **유전**과 **부모의 양육 태도**에서 많은 영향을 받습니다. 사람이 행동하는 양식은 선천적인 유전, 후천적인 부모의 양육 태도와 더불어 살아가면서 경험한 것에서 얻는 **사적논리**에 영향을 받기 때문입니다. 즉 사람은 **유전**(선천적)과 **양육 태도**(후천적)와 더불어 살아가면서 자신이 얻은 경험을 바탕으로 **사적논리**(나만의 논리)를 만들어 주어진 상황에 반응합니다.

사적논리(Private Logic)는 **상식**(common sense)이라고 부르는 사회적으로 공유된 가치, 지식, 규칙과 달리 개인적인 논리이므로 상식과 일치하지 않기도 합니다. 예를 들어 새로운 사람을 만나 인사를 건넸는데 상대방이 반갑게 맞아주지 않으면 '저 사람은 나에게 관심이 없어'라고 생각하는 사람이 있다고 가정해보겠습니다. 그런데 상대방은 자기 딴에 충분히 반갑게 인사했다고 생각했을 수 있습니다. 아니면 잘 모르는 사람을 갑자기 여럿 만나 당황했을 수도 있습니다. 하지만 단지 자신이 환대 받고 싶은데 그만큼 반겨주지 않는다는 이유로 논리적이지 않은 생각을 합니다. 그래서 기분 나빠 하고, 첫인상부터 부정적으로 생각해 장기적인 관계를 망치기도 합니다.

그런데 그 사람을 차츰 알게 되면서 지레짐작하여 오해했다는 것을 알게 되고 적잖이 당황하는 경우가 있습니다. 이렇듯 사적논리는 논리적이거나 상식적이지 않고 다른 사람의 입장에서는 이해할 수 없는 이상한 행동으로 보입니다. 심지어 사적논리는 내가 의식하지 않는 상황에서도 계속 작동합니다. 예를 들어 어릴 적에 뿔테 안경을 쓴 누군가에게서 여러 번 기분 나쁜 말을 들었다고 해봅시다. 나는 이미 어른이 되어 어릴 적 기억을 다 잊었다고 생각하지만, 뿔테 안경을 쓴 사람을 만나면 나도 모르게 위축될 수 있습니다. 즉 트라우마처럼 다른 사람의 특정 외모나 행동에 불안감을 느끼거나, 나도 모르게 부정적인 반응을 보이기도 합니다.

이렇듯 사적논리는 과거 경험이 누적되어 형성된 것이기 때문에 나도 모르는 사이에 저절로 작동합니다. 그래서 시간이 지난 뒤 '내가 왜 그랬지?' 하면서 후회하지만, 이내 비슷한 상황이 오면 같은 결정을 합니다. 사적논리가 우리 행동에 이렇게 많은 영향을 미치는 이유는 하루 중 무언가를 결정해야 하는 일이 너무 많기 때문입니다. 그래서 특정 상황에 반응하는 행동 패턴(사적논리)을 만들어놓고, 비슷한 상황이 오면 이미 습관화된 사적논리를 바탕으로 행동합니다. 그래서 자신의 습관(사적논리)을 갑자기 바꾸기는 매우 어렵습니다.

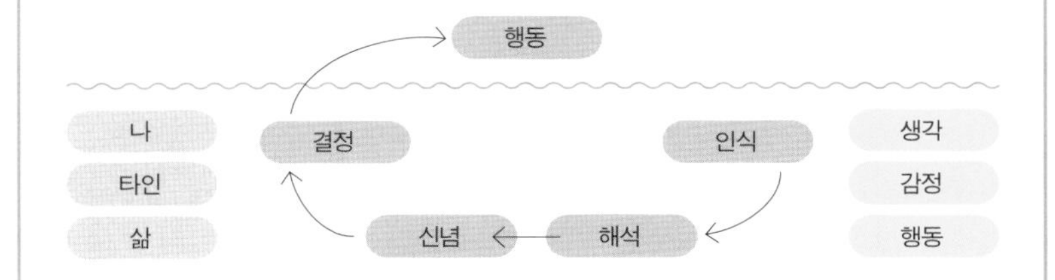

그렇다면 사적논리는 왜 생기는 걸까요? 자녀가 형과 다툼이 생겼는데 부모가 형의 편만 드는 상황을 예로 들어보겠습니다. 사적논리에서 가장 먼저 작동하는 것은 주변 상황에 대한 인식입니다. 인식은 누가 봐도 비슷하게 생각하는 객관적 상황입니다. 이 상황에서 객관적 사실은 형과 동생이 놀다가 부모님에게 혼나고 있다는 것입니다. 하지만 같은 사실을 보고도 사람들은 저마다 다른 주관적 **해석**(유전과 양육 태도, 경험에 영향을 받음)을 합니다. 상황을 지켜본 부모는 동생이 잘못했음을 알기 때문에 동생을 훈육합니다. 하지만 동생은 부모가 자신을 지켜보고 있다는 것을 몰라(인식하지 못해), 부모가 자신의 이야기를 듣지 않고 혼낸다고 생각합니다. 즉 같은 상황을 보고 서로 다른 **해석**을 하는 것입니다. 사람은 자신이 보고 들은 것에 의지하고, 인지하는(알아차리고) 영역 내 정보를 바탕으로 해석하려는 경향이 있기 때문입니다. 그래서 객관적으로 생각하지 못하고 주관적 **해석**을 바탕으로 잘못된 해석을 하게 됩니다. 부모에게 훈육받고 있는 동생은 상황을 잘 모르는 부모가 다짜고짜 자신을 혼낸다고 생각할 것입니다. 그래서 부정적 감정을 갖게 되어 화를 내거나, 그 자리를 떠나거나, 얼어붙을 수 있습니다.*

이런 경험(동생 입장에서 억울한 상황)이 동생의 삶에서 지속적으로 반복되면 동생은 잘못된 신념(나, 타인, 세상에 대한)을 갖게 됩니다. 나는 억울한 사람이고, 부모나 형(타인)은 나의 이야기를 들어주지 않는다고 생각할 수 있습니다. 그리고 장기적으로 나를 둘러싼 세상을 불신할 수도 있습니다. 결과적으로 이렇게 형성된 **신념**을 통해 비슷한 상황에서도(꼭 가족과의 일이 아닌 상황에서도) 비슷한 결정을 해 관계를 불편하게 합니다. 즉 우리 앞에 있는 사람의 이상한 행동은 그 사람의 주관적 **해석**을 기반으로 한 잘못된 **신념**이 원인일 수 있습니다. 이 이론은 행동 빙산 이론으로, 보이는 부분은 작지만 그 밑에는 큰 빙산이 있는 것처럼, 보여지는 사람의 행동의 배경에는 보이지 않는 그 사람의 신념 체계가 숨겨져 있다는 이론입니다. 그래서 자녀의 행동을 수정하려면 행동만으로 파악하기보다, 그 행동의 이면에 감춰진 신념을 찾으려는 노력이 필요합니다.

부모는 훈육이라는 이름으로 상식에 어긋나거나 논리적으로 이해되지 않는 행동을 하는 자녀에게 화를 내고는 합니다. 안타깝지만 부모의 마음과 달리 자녀는 잘못된 행동을 고치지 않고 계속 반복하는 경우가 많습니다. 적절한 훈육이 이뤄지지 않다 보니 잘못된 신념이 수정되지 않기 때문입니다. 오히려 부모의 부정적인 말과 행동으로 잘못된 신념이 강화되는 역효과가 생기기도 합니다. 부모가 자녀를 혼내면 '거봐. 부모님은 나한테만 화내고 있어. 내가 더 심하게 해서 내 생각이 맞는다고 할 거야!'처럼 전혀 이성적이지 않은 결정을 통해 잘못된 신념이 강화될 수 있습니다. 이를 제대로 수정하지 않은 채 오랜 기간 비슷한 갈등이 반복되면 강화되어 행동 수정이 더 어려워집니다. 특히 주변 정보를 인식하고 해석하는 능력이 부족한 느린학습

* 이는 본능적인 방어기제로서 위험에 처했다고 생각하면 얼거나(Freeze), 숨거나(Flight), 싸우게(Fight) 된다.

자로서는 부정적인 신념이 더 강화될 가능성이 있습니다. 그래서 자녀의 문제 행동을 만났을 때 무턱대고 혼내는 것은 효과적이지 않습니다. 특히 지속적으로 반복되는 행동이라면 더욱 주의가 필요합니다.

이런 때는 잘못된 행동에 집중하기보다 자녀의 생각과 감정에 집중해 사적논리를 상식적인 행동으로 바꾸도록 도와야 합니다. 사적논리의 과정을 거꾸로 돌려 자녀의 해석체계를 바꿔야 한다는 것입니다. **행동**을 바꾸기 위해서는 먼저 **결정**을 바꿔야 합니다. **결정**은 **신념**에 영향을 받는데, **신념**을 바꾸기 위해서는 자녀가 상황을 상식적으로 **해석**할 수 있도록 도와야 합니다. 자녀가 잘못된 사적논리의 패턴을 벗어나 상식적인 행동을 하게 하려면, 다음 세 가지 원칙을 꼭 지켜야 합니다.

첫째, 한 번에 좋아지는 것은 없습니다. 누구든 자기 행동에서 문제점을 깨닫고 변화를 위해 노력하기는 매우 힘듭니다. 문제 행동을 하는 사람을 제외한 다른 사람은 그 행동에 문제가 있다고 생각하지만, 문제가 되는 행동이 습관이자 경험을 통해 얻은 삶의 방식(사적논리)이다 보니 당사자는 문제라고 인식하지 못하기 때문입니다. 예를 들어 집에 오면 소파에 먼저 앉는다든지, TV를 습관적으로 튼다든지, 씻을 때 씻는 순서가 있는 것처럼 나도 모르게 행동하는 습관이라는 것입니다.

부모가 봤을 때 문제라고 생각하는 자녀의 행동 역시 자녀에게는 습관이고 삶의 방식입니다. 그래서 행동을 바꾸려고 화도 내보고 싸우는 등 극단적인 방법을 쓰지만, 행동을 바꾸지 못해 대치 상태가 되거나 누군가가 지쳐 포기할 때까지 감정 다툼을 하기도 합니다. 이렇게 한 번에 행동을 바꾸기 어려운 이유는 자녀가 가진 습관이 만들어지는 데 걸린 시간이 부모가 인식하는 것보다 길다는 것입니다. 시중에 습관을 바꾸는 4주, 습관을 바꾸는 100일처럼 습관을 바꾸는 방법을 안내하는 책들이 있습니다. 이런 책들이 말하는 공통적인 내용은 습관을 바꾸는 데 오랜 시간이 걸린다는 것입니다. 그만큼 습관을 바꾸기는 어렵고 고통스러운 과정이라, 습관이 형성되는 데 걸리는 시간만큼 필요하기도 합니다. 예를 들어 자녀가 집에 들어오면 가방을 약속한 위치에 두지 않고 본인이 편한 곳에 두는 상황이라면, 약속된 위치에 둘 때까지 계속 연습을 하게 해야 한다는 의미입니다. 자녀의 문제 행동을 바꾸고 싶다면 합리적인 대안과 부모의 지속적인 관심과 훈육이 필요합니다.

둘째, 부모부터 변화해야 합니다. 부모는 집에서 스마트폰을 들여다보고 있는데, 자녀가 스마트폰으로 게임만 한다고 혼내면 자녀는 어떻게 생각할까요? 실제로 자녀의 스마트폰 사용 빈도를 줄이고 싶다면 부모부터 먼저 줄여야 합니다. 자녀는 부모의 행동을 따라 하려는 성향이 강하기 때문입니다. 부모는 퇴근 후 쉬기 위해 스마트폰을 본다고 변명해보지만, 자녀 입장에서는 부모도 사용하는 스마트폰인데 왜 자기를 제지하는지 의구심이 들 수밖에 없습니다. 그래서 어떤 가정에서는 현관에 스마트폰 주머니를 만들고, 모든 가족이 그 안에 스마트폰을 넣어 미디어 중독을 줄이려고 노력합니다. 이렇듯 자녀의 행동을 바꾸고 싶다면 부모가 먼저 행동을 바꾸어야 합니다. 자신은 변화하지 않으면서 상대방만 변하기를 바란다면 갈등만 생깁니다.

셋째, 사랑과 존중이 담기지 않은 부정적인 부모의 말과 행동이 자녀의 부정적 행동을 강화합니다. 문제 행동으로 자녀와 갈등을 겪다 보면 종종 강하게 말하거나 행동해서라도 자녀의 행동을 고치려고도 합니다. 그런데 아무리 강하게 말해도 자녀는 변하지 않고, 갈등만 늘어나는 경우가 많습니다. 자녀가 어릴 때는 부모에게 의존해야 하는 상황이 많다 보니 강한 말과 행동이 효과적이었습니다. 그런 기억으로 부모가 강한 말과 행동이면 자녀가 들을 것이라고 생각하는 것입니다. 하지만 자아가 형성되고, 자기 의견이 생기는 나이가 되었는데, 어릴 적과 비슷하게 대한다면 반발하거나 자기 의견을 말하며 대립하게 됩니다. 이럴 때 부모가 자녀를 이기려고 더 강한 말과 행동으로 누르면, 자녀는 주도성을 잃고 부모의 꼭두각시가 되거나 거꾸로 부모의 말에 무조건 반대하는 청개구리가 될 수 있습니다. 오히려 자녀의 자주성을 해치거나, 반발심리만 키울 수 있다는 것입니다. 자녀의 행동을 변화시키고 싶다면 **'아이들은 기분이 좋을**

때 더 잘한다'라는 명제를 기억해야 합니다. 우선 부모와 자녀의 기분을 좋게 한 뒤에 존중과 사랑을 바탕으로 함께 문제를 해결하려는 노력을 해야 합니다.

친절하고 단호한 부모를 위한 체크리스트 02

나와 다른 자녀를 온전히 이해하는 것은 불가능에 가깝습니다. 다른 사람을 이해하려면 그 사람과 비슷한 경험을 겪어 공감대가 형성되어야 하는데, 자녀와 같은 경험을 해보지 못한 부모로서는 자녀의 말과 행동이 이해가 안 됩니다. 그래서 부모는 자기와 다른 자녀의 행동에 답답해져 화를 내거나, 포기하거나, 회피하는 등 부모의 방어기제에 따라 반응합니다. 부모는 답답한 마음의 표현이겠지만, 부정적 피드백은 자녀를 움츠러들게 하고 부모와 멀어지게 해 장기적으로 관계에 안 좋은 영향을 미칩니다. 그래서 느린학습자 자녀의 행동을 이해해보겠다는 생각보다, 자녀와 함께함으로써 비슷한 경험을 만들어 자연스럽게 공감대를 형성하는 것이 좋습니다. 그리고 문제 상황이 생겼을 때, 자녀를 혼내기보다 장기적으로 가져야 할 성품과 삶의 기술을 어떻게 가르칠지 고민해야 합니다. 자녀의 변화는 부모의 변화에 영향을 받는다는 것을 기억하고, 자녀를 이 상황에서 어떻게 훈육해야 하는지 지속적으로 생각하고 연습해야 합니다. 자녀의 문제를 만났다면, 다음 말을 꼭 기억하세요.

"지금 이 순간, 자녀에게 어떤 성품과 삶의 기술을 가르쳐야 할까?"

- ☐ 자녀의 문제 행동 원인을 찾으려고 노력했습니다.
- ☐ 변화를 위한 자녀의 노력을 존중했습니다.
- ☐ 자녀의 변화를 위해 나도 변하려고 노력했습니다.
- ☐ 부정적인 말보다 긍정적인 말로 표현했습니다.
- ☐ 자녀가 기분이 좋을 때 훈육했습니다.

느린학습자 자녀 인정하기

○○●●

“저… 어머님, 구민(가명)이가 또래보다 조금 느린 것 같아요. 어린이집에서 눈도 잘 못 마주치고, 대화도 잘 안 되는 것 같아요. 혹시 알고 계셨나요?”

조금 이상하다는 것은 알았지만 괜찮을 거라고 생각하며 애써 외면했던 구민이 엄마의 가슴이 철렁 내려앉았다.

‘설마 아니겠지. 시간이 지나면 괜찮아지겠지.’

첫째이다 보니 딱히 비교할 대상이 없어 또래보다 느리다는 것을 알아차리기 어려웠다. 혹시나 해서 주위 어른들에게 조언을 구하면 애들은 다 그렇고 크면 다 좋아진다고 했다. 그래서 막연하게 나이가 들면 좋아지겠지 생각하며 하루하루를 보내왔다. 안 그래도 꺼림직한 마음에 말만 트이면 모든 것이 해결될 거라는 생각에 언어치료를 시작했지만 잘 늘지 않아 애가 타던 차였다. 마음속에서 불안한 마음이 조금씩 커지던 때 청천벽력 같은 선생님의 말이 구민 엄마의 마음을 바꿔놓았다.

처음에는 선생님이 이상하다고 생각하기도 했고, 어린이집을 바꿔 볼까 고민했다. 환경이 바뀌면 좋아지지 않을까 하는 생각도 했다. 하지만 나이가 들면서 부모조차 이상함을 느꼈고 의심은 현실이 되었다. 너무 늦었을까 봐 염려돼 주변에 물어보고 인터넷에서도 찾아보았지만, 소득이 없었다. 주변 어른들도 경험이 없다 보니 병원에 가보라는 막연한 말만 했다. 인터넷에서 정보를 찾으면 광고만 많을 뿐 전문적인 기관을 찾기는 너무 어려웠다. 겨우겨우 수소문해 찾은 병원에 예약하고 기다리는 시간이 더디게 지나갔다. 대기가 많아 오래 기다려야 한다는 말에 무지했던 나에 대한 자책과 불안감만 늘어갔다.

'왜 몰랐을까? 너무 늦은 건 아닐까? 내가 아이를 망치는 게 아닐까?'

힘들게 찾아간 병원에서는 심리, 지능 검사를 제안했다. 검사를 받고 결과가 올 때까지 하루하루가 지옥 같았다. 아무것도 모르는 구민이를 안고 하염없이 눈물만 흘린 날도 있었다. 도착한 결과지를 확인하니 평범한 아이들보다 낮은 71이라는 IQ가 적혀 있었다. 마음속 미약하게 남아 있던 희망이 무너지고 쿵쾅거리는 심장 소리가 귀에 들리는 것 같았다. 예상은 했지만 정상 범위가 아니라는 말을 들으니 구민이 엄마는 세상에 혼자 버려진 것 같았다. 주변에서는 아무런 정보를 구할 수도 없고, 치료 방법을 찾기도 힘들었다. 작은 정보라도 있는지 인터넷과 책을 찾으며 매일 울기도 했다. 구민이를 재우고 밤마다 '해보자. 할 수 있다' 결심하지만 언제까지 이렇게 할 수 있을지 모르겠다. 주변에 도움을 줄 사람이 없다고 생각하니 이런 생각은 더 심해졌다. 어느 날 **'내가 아프거나 죽으면 구민이는 어떻게 될까?'** 하는 극단적인 생각을 하다 밤을 새운 적도 있다.

"기본적인 건데 왜 이게 안 돼! 아 답답해 죽겠네. 여보 애 잘 가르친다고 직장도 그만두더니 이게 뭐야? 이제 나도 너무 힘들어."

구민이 엄마는 전문적인 치료를 위해 센터에 자주 다니게 되면서 잘 다니던 직장을 그만뒀다. 일과 구민의 치료를 병행하기에는 힘들었다. 그러면서 경제적인 어려움이 찾아왔다. 남편 월급만으로는 생활이 빠듯했고, 아이가 나이를 먹을수록 치료 비용은 늘어갔다. 경제적 어려움이 찾아오자 남편과의 사이도 안 좋아졌다. 아이의 상황이 가족 불화로 번지게 된 것이다. 남편은 아직도 상황을 이해하지 못하고, 왜 이게 안 되냐고 호통칠 때가 많다. 그래서 아이와 사이가 안 좋아지고, 중간에 낀 엄마와 자주 싸우기도 했다.

문제가 거듭될수록 남편은 아이 문제를 회피하려는 경향이 심해졌다. 남편이 교대 업무로 일해 생활 패턴이 다르다 보니 아이에 대한 일로 대화하려고 해도 10분을 넘기기가 어려웠다. 이렇게 하루하루 아이와 지내다 보니 세상에 구민이와 엄마 둘만 남겨진 것 같고, 구민이만이 삶과 존재의 이유가 된 것 같았다. 아이를 위해서는 아파서도 안 된다고 되뇌며, 점차 나 자신이 사라지는 느낌까지 받았다.

"왜 엄마 말을 안 듣는 거야?"

부모는 자녀가 문제 행동을 하면 왜 부모의 말을 안 듣는지 묻곤 합니다. 혹시 이럴 때 자녀가 대답했던 말이 기억나시나요? 자녀가 어떤 대답을 했고, 어떻게 반응했나요? 부모가 원하는 반응이 나왔나요? 어릴 때는 어릴 때는 아이의 의존성이 강해 바로 원하는 대답이 나오지 않을 수 있습니다. 그럴 때는 답이 나올 때까지 다그치기도 했습니다. 이런 방법으로 문제 행동이 해결되었다고 생각했겠지만, 과연 해결이 되었을까요? 문제가 해결되었다는 것은 같은 문제가 다시 생기지 않고, 문제 행동이 상식적인 행동(혹은 부모가 원하는 행동)으로 변화되었다는 뜻입니다.

그런데 이런 경우 보통 자녀의 문제 행동은 변화되지 않고, 잠시 멈출 뿐 다시 반복됩니다. 그러면 부모는 "지난번에 엄마 말을 잘 듣기로 했으면서, 왜 또 그러니?"라고 말하며 혼내거나 더 강한 훈육 방법(체벌 등)을 사용합니다. 반복된다는 것은 장기적으로 해결되지 않고, 그 상황을 모면(회피)하는 방법들로 점철되었다는 의미입니다. 그러면 더 강한 자극에도 무뎌져 자녀가 부모의 말을 신뢰하지 않는 결과까지 불러옵니다. 이런 질문이 반복되면 아이는 점차 부모가 원하는 대답(부모의 말을 듣겠다는 대답)을 더 하지 않게 됩니다.

"왜 엄마 말을 안 듣는 거야?"라는 말은 정말 궁금해서 한 질문이었을까요? 질문은 의문에 기반한 행동입니다. 그래서 이런 질문은 질문이라고 부르기 어렵습니다. 위 질문은 자녀가 그렇게 행동하는 원인이 궁금해서 물어보는 것이 아닙니다. 자녀가 자신의 행동에 문제가 있음을 스스로 알아차리고, 반성하고, 부모에게 잘못했음을 말하기를 바라는 마음을 질문으로 숨기고 말한 것입니다. 부모의 말을 안 듣는 이유가 궁금해서 질문했다고 하지만, 실제로는 대답을 바라는 질문이 아닌 것입니다. 이런 질문을 가장된 질문 혹은 질문을 가장한 지시라고 합니다.

이해할 수 없는 아이의 행동을 본 부모는 "**왜**"로 시작하는 질문을 많이 합니다. "**왜** 안 하니?" "**왜** 안 먹어?" "**왜** 가기 싫어?" 등 "**왜**"라는 질문으로 자녀가 스스로 이유를 설명하게 하고, 이를 바탕으로 자녀의 논리가 틀렸음을 증명하고 설득하기 위한 도구로 사용합니다. 즉 정말 궁금해서 물어보는 것이 아닌, 자녀가 틀렸음을 증명하기 위한 증거를 만들기 위한 질문입니다. 이런 가장된 질문은 스스로를 질문하는 부모로 생각하도록 착각을 일으킵니다.

가장된 질문이 반복되는 이유는 "**왜**"라는 말로 질문을 시작하기 때문입니다. "**왜**"라는 질문은 정답이 필요한 질문입니다. 하지만 자녀 스스로 부모의 지시를 따르지 않는 이유를 말하기는 어렵습니다. 잘못을 인정하고 스스로 교정한다고 말하는 것은 큰 용기와 자기 조절이 필요한 행위라 성인에게도 쉽지 않습니다. 그런데 아직 미성숙한 자녀에게 자기 잘못을 인정하고, 그게 잘못되었음을 받아들인 뒤, 문제를 해결할 방법을 찾아 말하라는 의미로 질문하고 있습니다. 부모는 질문이라고 생각하지만, 실제로는 '너의 죄를 알 테니 스스로 인정하고 어떻게 고칠 것인지 말하라'는 것과 크게 다르지 않습니다. 그래서 자녀는 스스로를 보호하기 위해 방어기제인 3F(싸우기Fight, 얼어붙기Freeze, 회피하기Flight)를 사용합니다. 이어서 자녀가 이실직고하기를 바라는 부모의 마음과 달리, 자녀가 더 크게 반항(3F)하므로 다시 더 크게 추궁합니다. 그리고 자녀는 방어하기 위해 더 큰 반응을 보이고, 문제의 핵심(문제를 해결하겠다는 생각)은 잊은 채 싸움으로 끝납니다. 이성적 문제 해결이 아닌 감정적 다툼으로 끝나는 것입니다.

그렇다면 이렇게 반복되는 자녀와의 문제를 어떻게 해결해야 할까요?

첫째, 질문을 가장한 지시가 아닌, 정말 궁금한 것만 질문해야 합니다. 예를 들어, 자녀가 늦은 밤까지 학교 숙제를 잊고 안 한 것을 알게 되었습니다. 어떻게 질문해야 할까요?

"왜 아직도 숙제 안 했어?"

"오늘 학교 숙제가 있었니?"

위 두 질문을 비교해보겠습니다. 자녀가 숙제하기를 바란다는 점에서 부모의 의도는 같습니다. **"왜"**로 시작하는 질문은 숙제를 하지 않은 이유를 말하도록 하는 질문으로서 질책이 섞여 있을 가능성이 큽니다. 하지만 오른쪽 질문은 자녀에게 숙제가 있었음을 상기시킬 뿐입니다. 학생 스스로 주체가 되어 숙제의 유무를 파악하고, 하지 않았다면 지금이라도 해결할 기회를 주는 질문입니다. 즉 같은 의도의 질문이지만 자녀의 반응은 다를 수 있습니다. 이렇듯 호기심을 바탕으로 한 **호기심 질문**을 해야 합니다.

호기심 질문은 순수한 궁금증을 바탕으로 한 질문입니다. 늦은 밤인데 자녀가 숙제를 확인도 하지 않고 있습니다. 부모가 가장 궁금한 것은 무엇일까요? 먼저 '숙제가 있는지'입니다. 그리고 '그 숙제를 언제 할지'입니다. 그러면 숨은 의도 없이 **"숙제가 있니? 언제 할 거니?"**라고 질문하면 됩니다. 부모의 호기심이 담긴 질문은 자녀가 과제를 자신의 것이라고 인식하고, 질문을 통해 스스로 과제를 해결하도록 합니다. 당연히 처음에는 부모가 원하는 대로 즉각 반응하지 않습니다. 질문에 익숙하지 않거나, 대답을 고민하는 데 시간이 걸리기 때문입니다. 재촉하지 않고 기다려준다면, 싸우지 않고 숙제를 하게 할 수 있습니다.

둘째, 반복되는 자녀의 문제는 문제 자체에 단서가 있습니다. 예를 들어 시간 약속을 지키지 않는 자녀가 있습니다. 여기서 문제는 뭘까요? 시간 약속을 지키지 않는 것입니다. 자녀와 합의되지 않았을 수도 있고, 무리한 과제일 수도 있습니다. 아니면 시간에 대한 개념을 아직 이해하지 못했을 수도 있고, 약속과 신뢰에 대한 개념이 형성되지 않았을 수도 있습니다. 이렇게 문제 자체에 집중하면서 그 안에서 문제 행동의 단서를 찾으려는 노력이 필요합니다. "왜 약속을 지키지 않니?"라고 질문해봐야 이유를 듣기는커녕 사이만 안 좋아질 수 있습니다. 그래서 약속이 있다면 "우리 약속은 뭐였지?"라고 질문하며 상기해야 합니다.

책망보다 상기시키며 다시 확인하는 것이 더 효과적입니다. 그리고 약속에 대한 관념이 아직 잡혀 있지 않다면, 약속이 얼마나 중요한 것인지 함께 이야기해봐야 합니다. "약속은 왜 지켜야 할까?" "약속을 지키지 않으면 어떻게 될까?" "다른 사람이 약속을 지키지 않아 힘들었던 적 있니?" 같은 질문으로 그 중요성을 함께 알아가는 과정이 필요합니다.

셋째, 약속의 중요성을 배운 뒤, 자녀와 함께 약속을 만들어야 합니다. 국어사전에 약속은 '다른 사람과 앞으로의 일을 어떻게 할 것인가를 미리 정하여 둠. 또는 그렇게 정한 내용'이라고 되어 있습니다. 즉 약속은 서로 함께 정하는 것입니다. 그래서 자녀의 문제 해결을 위해서는 약속을 함께 만들어야 합니다. 합의되지 않은 약속은 효력이 약할 수밖에 없습니다. 그래서 자녀와 함께 실제로 지킬 수 있는 약속을 만들면 가장 효과적입니다. 약속을 만드는 방식에 대해서는 이후 더 자세히 다루겠습니다.

넷째, "왜"보다 "어떻게"로 질문합니다. 시간 약속을 지키지 않은 이유를 묻기보다, 시간 약속을 지키는 방법을 같이 고민하는 쪽이 문제 해결에 더 효과적입니다. 그래서 문제 해결에는 **'왜'**보다 **'어떻게'**가 더 좋습니다.

"오늘 7시까지 과제를 다 해야 해. 어떻게 하는 것이 좋을까?"

자녀에게 지금 과제를 하지 않는 이유를 묻기보다, 어떻게 하면 과제를 할 수 있을지 질문합니다. 그러면 자녀는 약속을 지키기 위한 자신만의 방법을 이야기할 수 있습니다. 그게 어렵다면 부모가 유용한 방식을 몇 가지 안내할 수 있습니다. 엄마와 함께 하기나 씻고 바로 하기, 밥 먹고 바로 하기 등 선택지를 미리 제시할 수도 있습니다.

핵심은 문제 해결의 방법을 자녀 스스로 말하는 것입니다. 사람은 스스로 선택한 것을 더 좋아하고 그에 책임감을 갖고 적극적으로 임합니다. 함께 합리적인 해결 방법을 고민하고, 자녀가 그 해결책을 선택하면 더 큰 책임감을 갖고 문제 해결에 참여하게 됩니다. 자녀의 문제를 부모가 계속 해결해주면 자녀는 스스로 해결하는 능력을 키울 기회를 잃게 됩니다. 부모는 도움을 주는 존재이지, 해결해주는 존재가 아닙니다.

마지막으로, 자녀의 문제는 자녀 스스로 해결해야 합니다. 자녀의 문제 행동을 보거나, 실패하고 좌절하는 모습을 본 부모는 자녀가 실패를 경험하지 않도록 과하게 도와주는 경향이 있습니다. 부모는 자녀가 태어나 자라는 과정에서 뒤집기, 일어나기, 걷기 등 수많은 시행착오와 실패를 거듭하면서 성공한 과정을 보았습니다. 하지만 오히려 자녀가 성장한 뒤에 친구 관계나 학업, 일상생활에서 실패하는 모습을 보면 불안감을 놓지 못하고 과도하게 보호하려는 경향을 보입니다. 이는 부모가 자라면서 경험했던 인간관계, 학업 등에서 겪었던 실패, 상처, 두려움 같은 부정적 기억과 감정을 자녀가 느끼지 않게 하려는 것입니다. 자녀가 실패하고 좌절하는 모습을 본다면, 꼭 다음 질문을 스스로에게 먼저 한 다음 도움을 주어야 합니다.

'이 상황에서 나는 자녀에게 무엇을 가르치고 싶은 건가?'

자녀는 매일 배우고 성장합니다. 그리고 실패를 통해 다시 일어나 성공하는 방법을 배웁니다. 물론 폭력적이거나 안전과 관련된 심각한 문제는 부모의 적절한 도움이 필요합니다. 하지만 대부분의 일상적 문제는 자녀 스스로 해결하거나 부모가 최소한으로 도와줌으로써 배워나갑니다. 그래서 자녀에게 도움을 주거나 문제 행동을 바꾸고 싶을 때는 그 상황에서 자녀에게 진정으로 가르치고 싶은 것이 무엇인지 고민해야 합니다. 숙제를 안 하거나 약속을 안 지키는 자녀에게 가장 가르치고 싶은 것은 무엇일가요? 스스로 숙제하는 자기 주도성과 약속한 것을 지키는 신뢰입니다. 그렇다면 어떻게 해야 할까요? 혼내서 하게 해야 할까요? 도와주어야 할까요? 이럴 때 부모는 호기심과 **'어떻게'**라는 마법의 질문으로 자녀 스스로 해결하도록 이끌어야 합니다. 스스로 해결해야 장기적인 변화를 일으킬 수 있습니다.

친절하고 단호한 부모를 위한 체크리스트 03

흔히 질문은 모르는 사람이 잘 아는 사람에게 묻는 수단으로 인식되고는 합니다. 전 미국 대통령 버락 오바마가 한국에 왔을 때, 기자들에게 질문할 기회를 주어도 아무도 질문하지 않은 일이 화제가 되었습니다. 한국인의 정서에는 수업, 회의 등에서 질문하면 자신이 무지하다는 것을 알린다는 고정관념이 있어 질문을 두려워하는 경향이 있습니다. 그리고 질문에 제대로 된 답을 해야 한다는 강박이 있어서 자녀가 어려운 질문을 하면 "왜 그런 걸 물어봐?" 하고 화를 내기도 합니다.

부모도 질문을 어려워합니다. 일상생활에서 질문해본 경험이 많지 않다 보니 "아까 왜 그랬어?"처럼 빨리 파악해 해결하려는 생각에 다그치듯 묻습니다. 하지만 **'왜?'**는 정답이 필요한 질문이다 보니 자녀가 쉽게 대답하기 어렵습니다. 문제 상황에서 부모가 진정으로 원하는 것은 무엇일까요? 문제의 원인을 알고 싶은 건가요? 문제를 해결하고 싶은 건가요? 문제의 해결을 원한다면 다음과 같이 질문하세요.

"우리 이 문제를 어떻게 해결할까?"

- ☐ 호기심을 바탕으로 자녀에게 정말 궁금해서 질문했습니다.
- ☐ 약속을 함께 정했습니다.
- ☐ 약속이 지켜지지 않을 때 질문으로 다시 확인했습니다.
- ☐ 문제 해결을 위해 '어떻게'를 넣어 질문했습니다.
- ☐ 문제 해결과 함께 자녀에게 무엇을 가르치고 싶은지 생각했습니다.

느린학습자와 형제의 관계

○○●●

"엄마 오빠가 또 내 거 망가뜨렸어!"

용진(가명)이와 소율(가명)이는 오늘도 싸우고 있다. 소율이가 아끼는 장난감을 용진이가 갖고 놀다 망가뜨렸기 때문이다. 울면서 달려온 소율이를 달래고 용진이에게 동생이 아끼는 물건은 조심해야 한다고 가르쳤지만, 매번 다른 내용으로 싸우는 남매 때문에 엄마는 오늘도 머리가 아프다. 소율이에게 또래보다 느린 오빠를 배려해달라고 했지만, 아직 어려서 제대로 이해하지 못한다.

얼마 전에는 "엄마, 혹시 오빠 바보 아니야?"라고 했는데 너무 당황해서 입을 떼지 못했다. 요즘 들어 부쩍 대화 실력이 늘어난 소율이가 자신보다 말이 어눌한 용진이를 무시하는 모습이 보여 우려하던 차였다. "오빠가 조금 느려. 소율이가 이해를 해줘야 해. 점점 괜찮아질 거야"라고 말했지만 어떻게 이해시켜줘야 할지 막막하다. 엄마와 아빠도 제대로 받아들이지 못했는데, 어린 소율이를 이해시키기는 더 어려울 것 같아 갑갑했다.

어릴 때는 오빠를 따르고 좋아하던 소율이는 클수록 용진이와 싸우는 일이 많아지고 있다. 그리고 용진이도 요즘 동생이 자신을 무시한다고 느끼는지 말을 험하게 하고 공격적인 모습을 보이는 일이 잦아졌다. 둘 사이에 낀 엄마는 판사처럼 해결해주려고 노력하지만, 자기중심적인 용진이 때문에 어려울 때가 많다. 결국 용진이와 싸우는 일만 많아지고 있다. 억울해하는 용진이를 혼내고 나면, 자기만 혼난다는 생각에 무기력하게 앉아 있는 모습이 너무 딱했다. 안 그래도 학교 생활도 힘들고, 어려운 공부에 자신감을 잃고 있는데, 동생까지 자신을 무시한다고 생각하니 더 의기소침해지는 것 같다.

며칠 전 소율이가 초등학교에 입학하면서 더 큰 사건이 생기고 말았다. 동생이 유치원에 다닐 때는 오빠보다 늦게 준비하다 보니 준비 시간이 얼추 맞았는데, 같이 등교하면서 아침 준비 시간에 둘이 싸우게 된 것이다.

"오빠는 이것도 못 해? 오빠 바보 같아. 친구들 오빠는 이것도 해주고 저것도 해준다는데, 오빠는 왜 바보같이 아무것도 못 해!"

느릿느릿 등교 준비를 하는 용진이를 보다 못한 소율이가 바보 같다고 말해버린 것이다. 동생한테 바보라는 말을 들어본 적 없던 용진이의 눈이 분노로 커졌다. 용진이가 때릴 것 같아 엄마는 둘을 급하게 떼어놓았다. 다행히 때리는 것은 막았지만, 용진이가 울면서 소리 지르는 것을 달래다 둘 다 지각할 수밖에 없었다. 냉랭한 분위기로 등교하는 남매를 보면서 엄마는 이 둘을 어떻게 가르쳐야 할지 답을 찾을 수 없었다.

원래 남매는 싸우면서 큰다지만 둘은 일반 남매와는 조금 다르다. 한 살 차이인 데다가 또래보다 말이 빠른 소율이로서는 늦된 오빠가 답답할 수 있었다. 친구의 오빠들과 비교하는 것도 문제였다. 다른 오빠들은 이것도 해주고 저것도 해주는데 우리 오빠는 괴롭히기만 한다고 말하는 것이다. 친하게 지내고 싶었던 오빠의 행동을 동생은 괴롭히는 것이라고 느꼈던 것 같다. 표현 방법이 달라서 그렇다고 소율이를 달랬지만, 달라도 너무 다른 남매 때문에 엄마는 하루하루 살얼음판 위를 걷는 기분이다.

가족회의와 가족 간의 존중

작은 사회인 가정에서도 많은 갈등이 생깁니다. 부모와 아이의 갈등, 형제자매의 갈등, 부부 사이 갈등 등 구성원마다 그 성격이 달라 잠잠한 날이 없습니다. 그중 부모와 아이 간 갈등에서는 부모가 어르고 달래기 마련입니다. 집안일 또한 갈등의 이유가 되는데, 아무것도 하지 않고 자기 하고 싶은 것만 하는 자녀의 모습에 부모는 불편합니다. 함께 집안일을 해보려고 여러 가지 방법을 사용하지만, 일정 부분 집안일은 자기 몫이라 느끼게 하기가 어렵습니다. 구성원은 적지만 가장 끈끈한 사회가 가족인데, 그 안의 문제를 어떻게 해결해야 할까요?

사람은 자신이 속한 집단 안에서 **존재감**과 **소속감**을 느끼고 싶어 합니다. 즉 가족 내에서 필요한 존재(**존재감**)가 되고 싶고, 소속되어 있다는 감정(**소속감**)을 느끼고 싶어 합니다. 가족이 나를 인정할 때, 내가 결정한 일이 잘되었거나 성취감을 느낄 때 **존재감**과 **소속감**을 느낍니다. 그렇다면 가족 내에서는 어떻게 성취감을 느끼고 인정을 받을 수 있을까요?

가족 내에서 중요한 존재가 되려면 내가 할 수 있는 일을 해냄으로써 성취감을 느껴야 합니다. 즉 아이에게도 가정을 유지하기 위한 일(과제)이 주어져야 합니다. 그런데 아이는 아직 본인이 무슨 일을 할 수 있는지 모릅니다. 그러므로 '**가족회의**'를 통해 가족 내에서 일어난 갈등을 어떻게 해결할지, 집안일을 어떻게 나눌지, 주말에 무엇을 할지 등 가족 내 다양한 문제 해결에 동참하는 기회를 제공해야 합니다. 물론 아이와 함께하는 안건에는 민감한 문제나 현실적인 문제(금융, 부동산 등)가 없어야 합니다. 아이와 함께 충분히 결정할 수 있는 일이어야 합니다. 가족 안에서 해결 방법을 도출해 낼 수 있는 문제를 안건으로 다루는 것이 좋습니다.

회의는 요일을 정해 일주일에 한 번씩 합니다. 그리고 냉장고나 모두가 자주 보는 장소에 안건지를 붙여놓고, 가족 내에서 해결이 필요한 문제를 함께 공유합니다. 이렇게 안건지를 붙이고 매주 해결하는 과정을 거치게 되면, 가족 내 문제로 인한 갈등이 줄고 문제에 집중하여 해결이 더 쉬워질 수 있습니다. 그리고 가족회의에서 가족의 일을 부모와 아이가 함께 결정하면 아이도 결정권을 가진 구성원으로 존중한다는 의미를 부여할 수 있습니다. 즉 가족회의에 동참시킴으로써 책임감, 존재감, 소속감을 느끼게 할 수 있습니다.

모두를 존중하는 가족회의를 위해 부모에게는 다음 세 가지 마음가짐이 필요합니다. 첫째, **집단의 문제는 집단이 함께 해결할 때 가장 효과적입니다.** 가족 내 갈등에는 누군가 한 명이 잘해서 해결되는 문제가 많지 않고, 모두의 노력이 필요한 경우가 많습니다. 그래서 집단의 문제를 개인이 해결하려면 많은 노력과 희생이 요구됩니다. 가족이라는 집단에서 벌어진 문제는 집단이 함께 해결 방법을 고민하고 해결하는 과정이 필요합니다.

예를 들어 가족 구성원이 빨래를 아무 곳에다 두는 문제가 있다고 한다면, 잔소리 한 번이면 끝날 것 같다고 생각하겠지만 실제로는 그렇지 않습니다. 빨래를 어디에 두어야 할지, 빨래를 그 장소에 두어야 하는 이유 등에 대한 합의가 이루어지지 않았기 때문입니다. 그래서 가족회의를 통해 빨래를 아무 곳에 두는 것을 공동의 문제로 인식하게 한 뒤, 해결 과정을 거쳐 합리적인 해결책을 도출하는 것이 장기적으로 효과적입니다. 이 과정은 당연히 잔소리나 지시보다 오래 걸리고, 귀찮은 과정입니다. 하지만 아이에게 집안일에 대한 인식과 가족 내 일에 대한 배려를 가르치고 싶다면 오히려 효과적입니다. 이런 품성과 성격은 잔소리로 만들어지는 것이 아니기 때문입니다.

둘째, **아이를 구성원으로 존중하는 마음이 필요합니다.** 우리는 보통 가족 내 문제는 복잡하기 때문에 아이는 신경을 안 써도 된다고 말하고, 중요한 이야기를 할 때는 아이에게 상관하지 말라고도 합니다. 그러면 아이는 시무룩해져서 자기 방으로 가거나 주변을 맴돌기도 합니다. 이 과정에서 아이는 어떤 감정이 들고 어떤 생각과 결심을 할까요? 아이는 가족 안에서 **본인이 존중받지 못한다고 생각**(생각)하고, **화를 내거나 의기소침**(감정)해져, **가족 내 문제를 등한시하거나 거꾸로 문제 해결에 훼방**(결심)을 놓아 해결을 어렵게 만들기도 합니다.

그래서 아이가 있는 상황에서 문제 해결이 필요하다면, 해결 과정에 참여시키기 어렵더라도 대화에는 참여시키는 것이 좋습니다. 어려운 문제라면 아이가 자거나 없는 상황에서 대화하는 것이 효과적입니다. 만약 아이도 주체적으로 참여할 수 있는 주제라면 가족회의를 열어 참여시키는 것이 좋습니다. 가정은 아이가 장기적인 자립을 위해 존재감과 소속감을 느끼는 첫 번째 공간입니다. 그래서 아이가 가족 내 문제에 주체성을 갖고 해결에 동참하는 과정이 중요합니다. 가족 내 문제부터 함께 대화하며 해결해나가는 과정을 통해 아이는 주체적인 문제 해결법과 집단에 기여하는 방법을 배울 수 있습니다.

셋째, **가장 좋은 문제 해결은 친해지는 것입니다.** 가장 좋은 문제 해결 방법은 문제가 생기지 않도록 하는 것입니다. 가족 내 문제 중 많은 문제가 감정 다툼과 상황에 대한 인식 차이(학업, 게임, 친구 등)로 생깁니다. 부모와 아이가 평행선을 그리며 대립하면 해결은 더욱 어렵습니다. 나중에 생각해보면 별것 아닌데 감정 다툼으로 심각한 문제로 번지는 경우입니다. 심각한 상황이 유머의 힘을 빌려 쉽게 해결되는 것처럼, 문제 해결에는 관계가 중요합니다. 그래서 가족회의 마지막 순서에서는 꼭 놀이를 하거나 맛있는 다과를 즐길 필요가 있습니다. 그러면 마지막을 기다리는 아이는 기대감으로 더 잘 참여할 수 있습니다.

미국의 긍정훈육 전문가인 제인 넬슨과 린 로트는 가족 문제 해결을 위한 가족회의*
절차를 고안했습니다.

1. 마음 나누기

회의 시작에서는 서로 연결되는 시간을 가집니다. 문제 해결을 위해 가족 구성원이 서로 연결되는 것은 매우 중요한 과정입니다. 그래서 지난주에 서로에게 고마웠던 점이나, 격려해주고 싶은 점 등을 돌아가면서 나눕니다. 아이가 어떻게 말해야 하는지 어려워한다면 부모가 먼저 모범을 보이면 좋습니다. 격려는 부모의 솔직한 감정을 자연스럽게 전달하는 것이 가장 좋습니다.

예) 저는 어제 소율이가 밥 먹을 때 가족에게 물을 따라 주어서 감사합니다.

2. 지난 안건 확인하기

지난주 문제의 해결 방법이 잘 지켜졌는지 확인합니다. 잘되었다면 넘어가고, 잘되지 않았으면 다시 브레인스토밍(4~6번 과정을 다시 반복)할 수 있습니다. 지난 안건에 대한 투표를 간단히 엄지를 세우거나 내리는 방식으로 할 수 있습니다.

예) 식사 시간을 지키자는 약속은 잘 지켜졌습니다.

3. 안건 확인하기

회의 안건지를 확인합니다. 회의 안건지는 냉장고 앞이나 특정 장소에 지난 한 주 동안 있었던 문제 중 가족회의를 통해 해결해보고 싶은 안건을 포스트잇에 적어 붙입니다. 그리고 안건 중 해결하고 싶은 안건을 한 가지(시간에 따라 여러 가지) 선택합니다.

* 《교사와 부모를 위한 긍정 훈육》, 제인 넬슨, 더블북, 2022.

안건을 적을 때는 상대방을 비난하지 않고, 해결하고 싶은 문제만 쓰도록 지도합니다. 안건을 정할 때 주의할 점은 특정인에 대한 안건을 다룰 때는 집단(가족)의 문제로 인식하고 함께 해결하려고 노력해야 한다는 것입니다. 아이만 지키지 않는 문제를 안건으로 올리면, 아이가 공격받는다는 느낌을 받을 수 있습니다. 그래서 가족 내 문제를 함께 해결한다는 태도로 안건의 마지막 문장에는 '~하는 문제를 해결하고 싶어요'라고 적으면 좋습니다.

예) 다른 사람의 물건을 허락받지 않고 만지는 문제를 해결하고 싶어요.

4. 문제 해결 방법 브레인스토밍하기

선택한 안건에 대한 문제 해결 방법을 브레인스토밍합니다. 브레인스토밍할 때는 어떤 의견이 나와도 비난하거나 수정하지 않습니다. 말도 안 되거나, 현실성 없이 누군가를 공개적으로 비난하거나, 불편하게 하는 의견을 말할 수 있습니다. 생각보다 많은 사람이 상대방을 괴롭게 하거나, 징계를 주어야 문제를 해결할 수 있다는 잘못된 생각을 갖고 있기 때문입니다. 그래도 모두의 의견을 비난과 수정 없이 적습니다. 그래야 구성원 누구든 자유롭게 의견을 말할 수 있고, 존중받는다고 느낄 수 있습니다. 가족 내 구성원 중 누군가 이 부분에 의문을 가진다면, 다음 절차에서 원칙대로 의견을 점검한다는 것을 안내합니다.

예) 허락받고 만져요.
만지지 않아요.
만져도 망가뜨리지 않아요.
만지고 원래 자리에 갖다 놔요.
다른 사람의 물건을 소중히 생각해요.
물건을 던지지 않아요.

내 물건을 다른 사람이 만지면 소리를 질러요.

5. 해결 방법 선택하기

브레인스토밍한 해결 방법 중 **문제와 관련 없거나, 상대방을 존중하지 않는 방법, 현실적이지 않은 방법, 도움이 되지 않는 방법**은 제외합니다. 이 4가지 원칙을 **'3R1H'**라고 부릅니다. 이 과정에서 의견을 낸 사람이나 의견에 문제가 있어 제외하는 것이 아니라, 4가지 원칙에 의거하여 모두를 존중하는 문제 해결을 위한 과정이라고 안내하면 좋습니다. 아이가 자신의 의견을 부모가 거부한다고 느낄 수 있기 때문입니다. 4가지 원칙을 아이와 함께 확인하고, 회의 안건지 밑에 써놓는 것도 좋은 방법입니다. 그리고 남은 해결 방법 중 투표를 하여 문제 해결 방법을 정합니다.

- 4가지 원칙(3R1H)

Related(관련성): 이 해결책이 문제와 관련 있는가?

Respectful(존중): 이 해결책은 다른 사람을 존중하는가?

Reasonable(합리성): 이 해결책은 합리적이고 누구라도 수긍 가능한가?

Helpful(도움): 이 해결책은 문제 해결에 도움이 되는가?

예) 허락받고 만져요.

~~만지지 않아요.~~ **(현실적이지 않은 방법)**

만져도 망가뜨리지 않아요.

만지고 원래 자리에 갖다 놔요.

다른 사람의 물건을 소중히 생각해요.

~~물건을 던지지 않아요.~~ **(관련 없는 방법)**

~~내 물건을 다른 사람이 만지면 소리를 질러요.~~ **(존중하지 않는 방법)**

6. 해결 방법 안내하기

투표로 정해진 해결 방법은 크게 써서 정해진 장소(냉장고 앞이나 가족들이 자주 보는 장소)에 붙입니다. 그리고 다음 회의를 하기 전인 일주일 동안 모두가 지킬 수 있도록 약속합니다. 만약 다음 회의를 하기 전에 해결책을 지키지 않는다면, 가족 구성원과 함께 다시 읽으며 해결책을 상기할 수 있습니다.

7. 친해지는 시간 갖기

회의가 끝나면 보드게임이나 간단한 놀이 등 가족이 함께할 수 있는 시간을 갖고 마무리합니다.

가족회의는 가족 내 갈등을 줄여주는 마법 같은 회의입니다. 갈등이 구성원의 문제라는 것을 인식하고, 해결하려고 노력하는 과정에서 많은 문제가 해결되기 때문입니다. 그리고 해결 방법을 브레인스토밍하는 과정에서 구성원의 문제 해결 능력이 향상되고, 나도 가족 문제 해결의 주체가 되므로 책임감과 존재감, 소속감이 길러집니다. 또한 가족회의는 문제 해결을 넘어 가족이 친해지는 것에 핵심이 있습니다. 가족끼리 평소 대화를 나누는 상황을 생각해보면, 긍정적인 대화보다는 하지 않거나 못한 일, 문제 상황에 대한 대화를 많이 한다는 것을 알 수 있습니다. 같이 사는 사람들에게 따뜻한 말보다 비판하거나 문제를 지적하는 대화를 더 많이 할 수 있다는 것입니다.

그래서 가족회의를 시작할 때는 고마운 점을 나누는 첫 번째 단계가 매우 중요합니다. 다른 단계는 시간이 부족하거나 현실적인 이유로 줄일 수 있지만, 마음 나누기 단계만은 매주 꼭 하면 좋습니다. 가족 구성원이 일주일 동안 서로에게 고마웠거나 미안했던 점을 나누면 자연스럽게 서로를 이해하고 격려하고 잘못한 일에 사과해야 한다는 것을 아이에게 가르칠 수 있습니다. 마지막 단계인 친해지는 시간 또한 중요한 단계입니다. 놀이를 하면서 가족의 유대감이 향상되어 소속감을 느낄 수 있습니다.

가족회의의 정착을 위해서는 매주 정해진 시간에 해야 합니다. 처음에는 귀찮기도 하고, 굳이 문제를 들추는 것이 효과적인지 고민되기도 합니다. 그래서 첫 가족회의를 할 때는 모든 단계를 기계적으로 수행하기보다, 1단계부터 천천히 하나씩 연습한다는 생각으로 하면 좋습니다. 예를 들어 첫 주에는 1단계인 마음 나누기부터 연습하는 것입니다. 평소 해보지 못한 것을 갑자기 하면 누구라도 반감이 들거나 어색할 수밖에 없습니다. 더욱이 1단계는 평소 잘 하지 않던 말이라 더욱 망설여집니다. 그래서 부모가 먼저 모범을 보이며 천천히 접근해야 합니다.

그리고 해결해야 하는 첫 번째 문제는 가능하다면 아이가 먼저 꺼내게 하는 것이 좋습니다. 부모가 먼저 제시하면 아이 입장에서 잔소리 시간이 다른 방식으로 바뀌었다고 생각할 수 있기 때문입니다. 그래서 아이 입장에서 가족 내 문제라고 생각하는 안건을 먼저 꺼내도록 돕고, 구성원이 진지하게 참여하여 문제를 해결합니다. 처음에는 문제 해결 방법으로 유치하고 말도 안 되는 방법들이 나올 수 있습니다. 아직 경험이 부족하고, 처벌을 선호하거나, 현실적인 대안을 떠올리기 어려운 경우가 많기 때문입니다. 그래서 부모가 먼저 문제 해결 방법을 제안하고, 아이가 비슷한 방법을 떠올리도록 도와주어 천천히 해결법을 도출하는 과정을 연습하는 것이 좋습니다.

또한 3R1H 원칙에 의거하여 해결 방법을 거를 때는 아이에게 충분히 설명해야 합니다. 익숙해지기 전까지는 아직 경험이 적은 아이의 해결 방법이 대부분 삭제될 수 있기 때문입니다. 자칫 아이가 본인의 해결 방법을 부모가 일부러 지운다는 생각을 가질 수 있습니다. 그래서 구체적으로 4가지 원칙을 설명하고 아이 스스로 생각해서 지울 수 있도록 안내해야 합니다. 그 과정에서 3R1H에 맞는 해결 방법이 무엇인지 스스로 생각하게 되어 장기적으로 더 효과적인 문제 해결 방법을 말할 수 있게 됩니다. 마지막으로 가족회의에서 정해진 해결 방법은 가족 구성원 모두가 충실히(특히 부모는 더욱더) 지키도록 노력해야 합니다. 부모부터 모범을 보이지 않으면 아이는 점점 가족회의의 의미를 의심하게 되고 효과가 떨어지게 됩니다. 그래서 가장 잘 보이는 곳에 붙여놓고, 아이와 매일 확인하는 습관을 들이는 것이 좋습니다.

결정된 해결책은 가족 구성원 모두가 함께 지켜야 합니다. 아이가 함께 고민한 해결책을 부모가 존중한다는 것을 보여주고 실천하면 좋은 모델이 됩니다. 비효율적인 해결책도 모두가 동의했다면 함께 실천해야 합니다. 오히려 실패를 경험하게 함으로써 더 합리적인 해결책을 고민할 수 있기 때문입니다. 문제 해결에 실패했더라도 해결책을 다시 고민하고 실천하는 과정에서 아이는 절차적 사고와 문제해결력을 배우게 됩니다. 처음부터 효율적이거나 바로 해결되는 해결책을 제시하는 것도 효과가 있지만, 아이 스스로 한 단계씩 절차를 밟아가면서 실패를 통해 해결하는 경험도 필요합니다.

친절하고 단호한 부모를 위한 체크리스트 04

우리에게 회의는 어떤 의미인가요? 국어사전을 보면 여럿이 모여 의논하는 것을 의미하지만, 지금까지 경험한 회의는 그렇지 않은 경우가 많았습니다. 주최자나 직급이 높은 사람의 의견이 강하게 반영되거나, 모두의 의견이 공평하게 존중되는 회의를 많이 경험해보지 못했기 때문입니다. 더불어 나와 관련된 문제임에도 불구하고 내가 의견을 말할 기회가 많지 않았고, 기회가 있더라도 선뜻 말하기가 어렵습니다.
우리 자녀는 어떨까요? 자기와 관련된 문제의 해결책을 선뜻 말할 용기를 갖고 있을까요? 자녀 역시 부모와 비슷합니다. 경험해보지 못한 상황이 닥치면 누구라도 당황합니다. 그래서 문제를 해결하기 위해 나의 의견을 발표하고, 상대방의 의견을 경청하면서 함께 해결하는 과정을 가정에서부터 경험하는 것이 좋습니다. 가족회의를 통해 가족의 문제를 해결해보세요.

"우리 이 문제를 어떻게 해결하면 좋을까?"

- ☐ 매주 비슷한 시간에 가족회의를 했습니다.
- ☐ 회의 안건지를 받았습니다.
- ☐ 자녀를 문제 해결 과정에 참여시켰습니다.
- ☐ 문제 해결 과정에서 모두의 의견을 존중했습니다.
- ☐ 자녀와 함께 가족회의에서 결정한 사항을 부모도 지켰습니다.

느린학습자 양육에서 가장 힘든 점

"이제 좀 당신 삶을 살아."

우현(가명)이의 엄마와 아빠는 우현이가 태어나기 전에는 싸운 적이 거의 없었다. 그런데 우현이가 느린학습자라는 진단을 받고 요 몇 년간 대화다운 대화가 없었다. 엄마는 엄마대로 우현이의 치료와 뒷바라지를 하느라 시간이 없었고, 아빠는 우현이의 일을 회피하곤 했다. 그래서 어느 날부터 대화가 사라졌다. 초등학교에 들어가면서 차츰 우현이가 달리지는 모습을 주제로 대화가 시작되었지만, 아빠는 우현이의 일만 이야기하면 머리가 아픈지 대화가 끊기기 일쑤이다. 여느 때처럼 대화하던 중에 아빠는 엄마에게 너무 아이에게 몰입하지 말고 자기 삶을 살라고 말했다. 그 순간 엄마는 지금까지 우현이를 위해 살아왔던 삶이 생각났다.

우현이의 엄마는 원래 친구도 자주 만나고 대외적으로도 많은 관계를 쌓던 사람이다. 그런데 우현이가 느린학습자로 판정받은 뒤부터 우현이 위주로 스케줄이 돌아갔다. 그러면서 남편은 물론 자기 자신도 챙기지 못하고, 주변 관계는 자연스레 정리되어 우현이만을 바라보고 살게 되었다. 처음에는 우현이와 무심한 남편이 원망스럽기도 했다. 우현이의 문제가 모두 자신의 책임 같아서 무서운 마음도 많이 들었다. 주변 어른들도 처음에는 괜찮다고 말했지만, 우현이의 모습을 보고는 차츰 괜찮다는 말도 줄어드는 것을 느꼈다. 어느 순간 '우현이와 나만 세상에 남아서 살아가는 것은 아닐까?'라는 극단적인 생각도 했다. 그래도 마음을 다잡고 우현이의 행복을 찾기 위해 무엇을 해야 할지 하루하루 고민했다. 우현이와 많은 시간을 보내고, 체험하면서 배울 수 있도록 노력도 했다. 이렇게 마음을 바꾸니 우현이와의 관계도 좋아지고, 내 삶의 목표도 생각할 수 있어 다행이라고 생각했다.

남편과의 갈등도 너무 힘들었지만, 더 힘든 것은 우현이를 바라보는 주변 시선이었다. 우현이는 다른 느린학습자들과도 달랐다. 염색체 이상으로 여러 증후군이 생길 수도 있고, 말을 못 하거나 단어 정도만 말할 수 있을 거라는 소견도 들었다. 처음에는 내 탓이 아닐까라고 생각했지만, 부모의 잘못이 아니라는 의사의 말에 작은 위안이라도 얻었다.

그렇게 소개를 받고 간 재활병원에서 더 큰 상처를 받게 될 줄 몰랐다. 당연히 비슷한 사람들끼리 모인 병원이니 그 안에서 위안도 얻고 정보도 교류할 줄 알았다. 그런데 우현이가 말을 하고 걷는 모습을 보고 오히려 질투하는 모습을 보았다. 그 안에서도 외톨이가 된 듯한 큰 충격을 받았다.

동병상련처럼 서로를 위로해줄 줄 알았는데, 그 안에서도 조금 더 나은 우현이의 모습을 보고 시기할 줄은 상상도 못 했다. 뜻하지 않은 곳에서 받은 상처는 생각보다 깊었다. 그래서 우현이와 같은 염색체 이상을 가진 아이들을 찾아야겠다고 결심했다. 그래야 우현이의 상태를 미리 파악하고 적절한 치료법을 찾을 수 있을 거라 생각했다. 하지만 같은 증상을 겪는 아이들을 찾기란 너무 어려웠다. 느린학습자는 그 원인과 증상이 다양하다. 따라서 비슷한 원인과 증상을 가진 아이를 찾기는 너무 어려웠다. 심지어 증상이 이렇게 다양한데 치료법이나 학습 방법에 대한 명확한 대책이 없다. 그저 입에서 입으로 전해져 오는 대처들이 상황을 더 어렵게 만들었다. 결국 원인과 증상이 달라도 모두 같은 교육을 받고 있던 것이다.

부모와 감정 조절

아이와 마찬가지로 부모에게도 **존재감**과 **소속감**이 중요합니다. 부모도 사회적 동물이므로 자기 존재의 중요성이 있고, 집단 안에서 소속감을 느끼고 싶어 합니다. 하지만 배움이 느린 아이를 키우는 부모는 자신의 존재감과 소속감을 아이에게서 찾는 오류를 범하는 경우가 많습니다. 아이 위주로 삶이 돌아가고 아이의 행동 하나하나에 민감하게 반응하며, 정작 내 삶은 사라지는 일이 벌어지면서 점차 외로움을 느끼고 민감하게 변하기도 합니다. 특히 공격적인 아이의 경우 부모도 같이 공격적으로 변해 싸우는 일이 잦아집니다. 이렇게 불안정해지는 부모의 감정은 아이의 반응에 따라 불안과 우울의 실타래를 돌고 돕니다.

아이가 잘하면 좋다가도 '다시 안 좋았던 때로 돌아가면 어떻게 하지?'라고 생각하며 불안해지고, 실패하면 '그럼 그렇지'라며 우울해집니다. 그래서 느린학습자를 키우는 부모에게는 자신의 감정을 들여다보고 조절하는 기술이 절실히 필요합니다. 우울과 불안은 나의 감정에서 시작되기 때문입니다.

아이의 행동에 따라 우울과 불안의 실타래를 돌고 도는 부모에게서 자기 자신은 점차 사라집니다. 아이가 내 삶에서 가장 중요한 존재가 되고, 그 존재로 나의 감정이 요동치게 됩니다. 감정 조절에서 가장 선행되어야 하는 것은 원래의 나를 찾는 것입니다. 나는 원래 어떤 사람이었나요? 부모이기 앞서 원래의 나는 어떤 사람이었나요? 아이가 처음 태어났을 때를 생각해보겠습니다. 아이는 어떤 존재였나요? 소리, 행동 하나하나가 모두 소중하고 사랑받기에 충분한 존재였습니다. 아이와 마찬가지로 부모 역시 그런 존재였다는 것을 우리는 잊고 있습니다.

즉, 부모 역시 그 존재만으로 소중하고 사랑받기에 충분한 존재라는 것입니다. 그런데 우리는 종종 자신이 별로라는 열등감을 느낍니다. 우울해지고 자기 자신을 하찮은 존재라고 생각하기도 합니다. 이렇게 되면 반대로 더 나은 내가 되기 위해 **우월성**을 추구합니다. 즉 열등한 나를 벗어나기 위해 더 나은 존재가 되려고 노력한다는 것입니다. 예를 들어 어제는 아이와 함께 공부하면서 잘되었는데, 오늘 갑자기 어렵고 대화도 잘 안 통해서 싸웠다고 해보겠습니다. 그러면 부모는 자신이나 아이를 탓하면서 잘못되었다고 생각하고 우울해집니다. 그리고 '내일은 배운 대로 아이와 대화를 잘해서, 싸우지 않고 학습을 더 잘 시키겠다'고 생각합니다. 다음 날에 심기일전하여 노력한 끝에 성과를 거두었다고 생각하지만, 매일 이렇게 할 수 있을까 불안해지기도 합니다. 많은 부모가 이렇게 매일 일희일비하며 우울과 불안 속을 헤매고 있습니다. 어떻게 하면 원래 나를 찾고 우울과 불안의 실타래를 벗어날 수 있을까요?

함께 공부하는데 문제가 어렵다고 아이가 짜증을 내고 감정적으로 불안한 상황을 예로 들어보겠습니다. 피곤하지 않고 감정적으로 안정적인 상태에서 부모님은 어떻게 말하고 행동하나요? "수학 문제가 어려운 것은 당연해. 우리 천천히 해결해볼까?"라고 말합니다. 그런데도 아이는 계속 찡얼댑니다. 만약 감정적으로 편안하다면 어떻게 반응하시나요? 다시 아이의 감정에 공감해주고 천천히 문제를 해결할 것입니다. 부모의 공감과 도움으로 아이도 이내 평정심을 찾고, 수학 문제를 풀기 시작합니다.

이렇듯 긍정적으로 해결했던 부모 자신의 말과 행동, 과정을 기억해야 합니다. 감정적으로 평온했을 때의 반응이 **원래의 나**입니다. 즉 우울하거나 불안하지 않을 때 반응하는 나의 행동 패턴이 **'원래의 나'**입니다. 그래서 평소 싸우지 않고 편안하게 소통할 때 아이에게 어떻게 말하고 행동하는지, 그리고 아이가 어떻게 반응하는지 적어놓기를 추천합니다. 부모가 감정적으로 불안정하면 문제 해결에 효과적이던 대응법을 잊고 감정적으로 반응하여 부모가 바라지 않는 결과를 초래합니다. 물론 아이가 성장함에 따라 이런 해결책이 항상 효과적이지는 않지만, 감정을 조절하면서 이성적인 말과 행동 패턴을 유지하려고 노력한다면 효과적인 해결책을 찾을 수 있습니다.

흔히 감정을 조절한다는 것을 화나 슬픔, 혐오 같은 부정적 감정을 참는 것으로 아는 사람이 많습니다. 하지만 감정을 참는다는 것은 근본적인 해결책이 아닙니다. 오히려 부정적인 감정을 마음속에 남길 뿐입니다. 쌓이고 쌓이다 결국 터져 더 큰 분노와 우울, 불안으로 나타나는데, 우리는 이를 흔히 화병이라고 부릅니다. 실제 미국정신의학협회에서 출판한 정신 질환 진단 및 통계 편람인 《DSM-4》에서는 화병을 한국 문화와 관련된 특유의 질환으로 등재한 적이 있습니다. 물론 현재 사용되는 진단기준인 《DSM-5》에서는 삭제되어 정식 질병으로 다루진 않습니다.

하지만 화병이 감정을 극도로 억제하고 감정 표현이 잦은 사람을 좋게 보지 않는 문화적인 양상에 의해 나타나는 민족적 현상이라는 것을 알 수 있게 해줍니다. 한국의 정서를 한 글자로 표현하면 '한(恨)'이라 언급하는 현상도 이를 방증합니다. 최근 들어 자기표현을 존중하는 분위기가 만들어지면서 이런 양상이 많이 줄었지만, 아직도 사회 전반에 감정을 자주 표현하는 사람을 울보, 겁쟁이 등으로 부르는 안 좋은 시선이 있습니다. 억제된 감정은 쌓이고 쌓여 결국 임계점을 넘겨 분노라는 걷잡을 수 없는 일로 일어나기도 합니다.

그래서 감정 조절은 무작정 참는 것이 아닌 경험을 재구조화하는 것입니다. 즉 화를 참고 삭이는 것이 아니라, 부정적 기억이 남은 경험을 긍정적 경험으로 바꾸는 것이 감정 조절입니다. 예를 들어 아이가 약속을 지키지 않고 과제를 하지 않는 모습을 봤다고 해보겠습니다. 저녁 6시가 되면 저녁을 먹고 과제를 하기로 한 약속이 지켜지지 않자 부모는 화가 납니다. 그래서 큰 소리를 내면서 "왜 약속을 안 지키니!" 하면서 화를 냅니다. 그러자 아이는 기분이 나쁜지 부모에게 반항하며 짜증을 내고, 부모는 그 모습에 더 혼냅니다. 하지만 시간이 흘러 부정적 감정이 줄어든 뒤 부모는 후회합니다. 부드럽게 말로 하면 잠깐이면 끝날 일을 큰 소리를 내서 아이와 싸우고, 사이만 안 좋아졌기 때문입니다. 다음에는 그러지 않겠다고 다짐하지만, 이내 비슷한 상황을 만나면 똑같이 화를 내고 후회하는 일을 반복합니다. 즉 행동의 변화가 없는 아이의 모습에 화를 내고, 싸우고, 후회하는 일이 반복되는 것입니다. 감정을 조절하기 위해서는 다음 세 가지 원칙을 꼭 지켜야 합니다.

첫째, **부정적 감정에 해결의 실마리가 있습니다.** 감정 캐릭터를 주인공으로 한 유명 애니메이션 <인사이드 아웃>에서 주인공의 부정적 감정인 '슬픔이'가 문제 해결의 키워드를 가졌습니다. 처음에는 슬픔이가 문제의 주요 원인이라고 생각했지만, 주인공을 둘러싼 많은 문제가 슬픔을 통해 승화되면서 해결됩니다. 부모가 아이에게서 느끼는 부정적 감정(화, 분노, 짜증 등)에 문제 해결의 실마리가 있습니다.

먼저 지금 내가 느끼는 감정이 무엇인지 알아차려야 합니다. 그리고 그 감정이 드는 이유를 생각해야 합니다. 마지막으로 이 감정을 해소하려면 어떻게 긍정적으로 표현해야 할지 고민합니다. 즉 부정적 감정을 매개로 삼아 이 감정을 어떻게 해소할지 생각하는 과정에서 감정을 더 긍정적으로 표현할 수 있게 됩니다. 약속을 안 지키는 아이를 보고 화가 났다면, 왜 화가 났는지 생각해봐야 합니다. 아이가 약속을 안 지키는 것이 마음에 들지 않는다면, 아이를 혼내거나 싸우는 것은 효과적이지 않습니다. 오히려 약속이 현실적인지, 아이가 약속에 동의했는지 살펴보고, 약속을 상기시키고 지키도록 안내하는 것이 더 중요합니다.

둘째, **평소에 감정을 조금씩이라도 표현해야 합니다.** 우리는 평소 아이에게 자주 감정을 표현한다고 생각하지만 실제로는 그렇지 않기도 합니다. 화난 표정이나 말투를 사용하여 비아냥대거나, 참다 참다 본때를 보여주겠다는 생각으로 강하게 혼내기도 합니다. 이런 방식은 감정을 제대로 표현한 것일까요? 아이는 부모의 화와 분노를 통해 무엇을 배웠을까요? 결과적으로 부모가 감정을 참음으로써 더 큰 분노가 아이에게 향합니다. 평소 조금씩이라도 표현하라는 것은 저녁 6시가 되어도 밥을 먹지 않고 과제를 하지 않은 아이에게 현재 약속된 시간이 넘었고, 약속이 지켜지지 않아 부모의 감정이 불편하다는 것을 부드럽게 표현하는 것입니다.

감정을 평소에 조금씩 표현해야 마음속 부정적 감정이 쌓이는 것을 막을 수 있습니다. 똑같이 아이에게도 감정을 조금씩 표현하는 방법을 가르치면 좋습니다. 아이가 마음에 담아뒀다가 갑자기 부모에게 터트리는 상황 역시 부모와 아이 모두에게 어려움을 줍니다. 아이에게 감정 표현에 대해 가르칠 때는 '감정의 주머니'에 대해 설명하면 효과적입니다.

사람의 마음속에는 감정의 주머니가 있습니다. 크기가 저마다 다르고 모양도 다릅니다. 감정의 주머니에는 부정적 감정들이 조금씩 쌓입니다. 누구는 감정의 주머니가 커서 더 잘 참고, 다른 누구는 작아서 자주 화를 냅니다. 겉으로 보기에는 참는 사람이 더 좋은 사람 같지만, 감정의 주머니는 한계가 있어 언젠가는 터집니다. 그리고 많이 참을수록 더 크게 화를 냅니다. 평소 감정을 긍정적인 방법으로 조금씩이라도 표현해야 건강한 사람이 될 수 있습니다.

셋째, **감정 조절은 참는 것이 아니라 나의 행동 패턴을 바꾸는 것입니다.** 행동을 결정하는 패턴은 경험(생각), 감정, 행동 순으로 작용합니다. 즉 경험이 감정에 영향을 미치고 그 감정이 행동을 결정합니다. 이 패턴은 비슷한 상황이 반복될수록 강화되어 습관이나 성향으로 굳어집니다. 그래서 다른 자극에는 크게 신경 쓰지 않지만, 특정 행동(예: 아이가 약속을 안 지키는 행동, 아이가 우는 행동 등)에는 '트리거(방아쇠)'가 당겨져 참지 못하고 화와 분노를 주변에 표출하게 됩니다. 심지어 주위 사람의 행동 중 눈에 거슬리는 행동(트리거)은 아무리 보지 않으려고 해도 더 눈에 띕니다.

이 패턴을 고치는 것이 **경험의 재구조화, 즉 감정 조절**입니다. 아이가 약속을 안 지키는 것을 보고도 화내지 않고, 내 감정을 스스로 선택하여 자신이 원하는 행동을 하는 것이 감정 조절입니다. 이 패턴을 바꾸기 위해 감정의 주인은 나 자신이라는 명제를 꼭 기억해야 합니다. 부정적 감정에 노예가 되지 않고 감정을 스스로 선택하고 결정하는 주인이 되어야 합니다.

다음은 《격려 수업》의 저자 린 로트(Lynn Lott)가 제안하는 행동 패턴을 바꾸는 실습입니다. 다음 단계를 따라 감정을 조절하여 감정의 주인이 되는 과정을 경험해봅시다.*

1. 최근 나를 가장 힘들게 했거나, 분노하게 했던 경험을 떠올립니다. 지금도 자주 일어나는 상황이면 더 효과적이고, 특히 아이와 관계된 경험일수록 좋습니다. 첫 번째

* 《격려 수업》, 린 로트·바버라 멘덴홀, 김성환 옮김, 교육과실천, 2019.

동그라미에 그 경험과 그때 들었던 생각을 적습니다. 그리고 두 번째 동그라미에 그 때 느꼈던 감정을 적고, 마지막 동그라미에 그때 했던 나의 행동을 적습니다.

2. 감정 패턴을 바꾸기 위해 바꾸고 싶은 패턴에서 **행동을 바꿔줍니다.** 우선 경험을 앞선 것과 똑같이 적습니다. 그리고 마지막 행동 칸에 문제 해결을 위해 아이에게 해야 하는 행동을 적습니다.

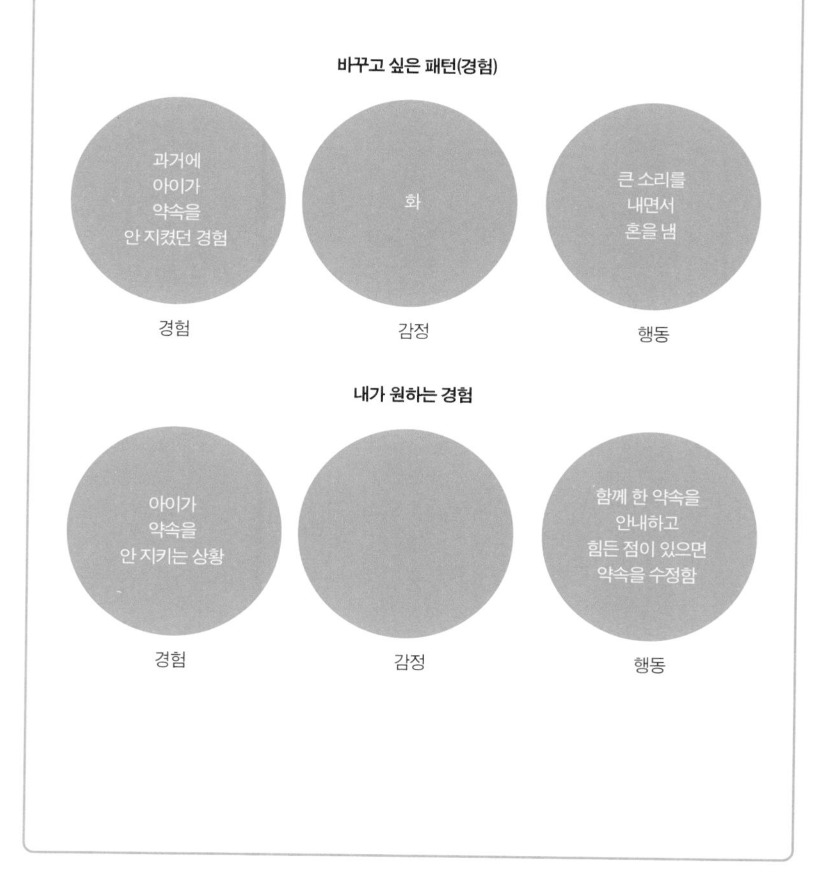

3. 마지막으로 그 행동을 하기 위해 **어떤 감정**을 느껴야 하는지 적습니다. 이 과정은 감정을 조절하고, 부모가 진정으로 원하는 결과를 얻기 위해 어떻게 행동해야 할지 새로운 패턴을 만드는 과정입니다. 그래서 같은 경험(비슷한 상황)을 할 때, 과거의 잘못된 결과(잘못된 행동)를 부모가 원하는 행동으로 바꾸기 위해 감정을 스스로 선택합니다.

내가 원하는 패턴(경험)

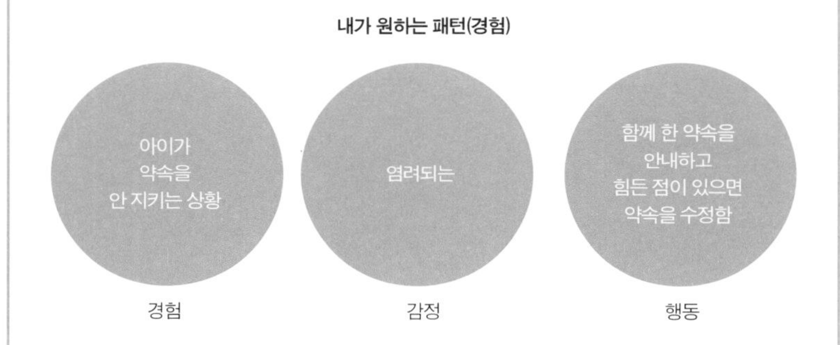

다음은 빈 실습 패턴입니다. 앞선 예시를 보고 최근에 가장 후회되거나 바꾸고 싶은 행동 패턴을 바꾸는 연습을 합니다.

바꾸고 싶은 패턴(경험)

아이가 약속을 안 지키는 상황에서 부모가 진정으로 원하는 것은 무엇일까요? 아이와 화를 내고 싸우는 것일까요? 부모에게 혼나고 의기소침한 아이를 보는 것인가요? 아니면 부모에게 패배했다고 생각한 아이가 마지못해 부모의 말을 따르는 척하는 것일까요? 부모가 원하는 것은 아이가 주어진 과제를 자기 일이라 생각하고 수행하는 것입니다. 그렇다면 아이에게 화를 내고 싸운다면 원하는 결과를 얻지 못합니다.

아이가 약속을 안 지키는 상황을 염려하며, 함께 한 약속을 안내하고, 어려운 점이 있으면 수정하는 것이 더 효과적입니다. 나아가 아이가 자기 과제에 주도권을 가질 수 있도록 잘못된 점이 무엇인지, 어떻게 하면 과제를 잘할 수 있을지 질문해야 합니다. 아이들은 스스로 선택했을 때 더 잘합니다.

이렇게 부모가 감정을 조절하는 모습을 보이고, 긍정적으로 감정을 표현하면 아이에게 좋은 모델링이 될 수 있습니다. 아이 역시 잘못된 행동 패턴을 갖고 있으며, 성장하면서 점차 그 패턴은 공고해져 바꾸기 어려워집니다. 질문으로 아이의 문제해결을 위한 도움을 줄 수 있습니다. 예를 들어 친구와 다퉈 힘들어하는 아이에게 다음과 같이 말할 수 있습니다.

"OO아, 오늘 친구와 싸웠다고 들었어. 친구랑 같이 놀고 싶었는데, 그게 전달이 잘 안 되었나 봐. OO이가 친구와 같이 놀고 싶다는 마음을 전달하려면 어떻게 말(행동)하면 좋을까? 엄마(아빠)와 같이 생각해보자."

아이가 다음에 비슷한 상황을 만났을 때 어떻게 행동해야 할지 스스로(부모와 함께) 생각하고, 행동 패턴을 수정하면 감정 조절을 배울 수 있습니다. 이렇게 같이 고민한 문제 해결 방법은 연습이 없다면 실제 상황에서 활용이 어렵습니다. 그래서 형제가 있다면 형제와 함께, 형제가 없다면 부모와 함께 대본을 만들어 실제 상황처럼 연습해야 합니다. 그래야 무의식적으로 과거와 같은 잘못된 결정을 하지 않고, 감정이 조절된 행동을 할 수 있습니다.

친절하고 단호한 부모를 위한 체크리스트 05

'참을 인(忍) 세 개면 살인을 면한다'라는 말이 있습니다. 그렇게 우리는 부정적 감정을 참는 것을 미덕으로 알고 살아왔습니다. 하지만 이 말을 한 공자의 말을 돌아보면, 무조건 참는 것이 아니라 한순간의 감정에 휘둘려 충동적인 행동을 하지 말라는 뜻입니다. 즉 부정적 감정을 참는 것이 미덕이라고 생각했던 것은 잘못된 해석이라고 볼 수 있습니다. 더불어 감정을 자주 표현하는 사람을 긍정적으로 보지 않는 사회 분위기까지 더해지다 보니, 화를 제때 표현하지 못해 걸리는 '화병hwa-byung'이라는 한국말로 된 질환까지 등록되었을 정도입니다.

그만큼 우리는 감정 표현에 서툴고, 참다 참다 폭발하여 관계를 망치는 일도 많습니다. 그리고 속으로는 참는다고 생각하지만, 표정이나 말투에 감정이 드러나 상황을 악화시키기도 합니다. 특히 부모와 자녀처럼 밀접한 관계일수록 감정의 골로 상처가 심해질 수 있습니다. 부모가 먼저 감정을 조절하여 긍정적으로 표현하는 모습을 보여준다면, 자녀와의 관계 회복에 도움이 될 것입니다.

"화를 어떻게 표현하면 좋을까?"

- ☐ 원래의 내가 어떤 사람인지 고민해봤습니다.
- ☐ 불편한 감정을 바로 표현하지 않고, 어떤 문제가 있었는지 찾았습니다.
- ☐ 불편한 감정을 참지 않고 부드럽게 말했습니다.
- ☐ 감정 조절 단계를 연습해봤습니다.
- ☐ 질문을 통해 자녀에게 불편한 감정을 표현하는 방법을 가르쳤습니다.

CHAPTER 3.

느린학습자와 학교 적응

○○●●

"왜 복도에서 뛰면 안 돼?"

학교에서 돌아온 정현(가명)이가 엄마에게 물었다. 오늘 복도에서 뛰다가 담임선생님께 혼났다는 것이다. "1학년 교과서에서 다 배운 것 아니야?"라고 물었지만, 정현이는 아직도 복도에서 뛴 것이 잘못임을 모르는 눈치였다. 정현이가 규칙을 지키기 힘들어하는 것은 입학 전부터 알고 있었다. 어린이집에서 줄 서는 것부터 문제가 있었기 때문이다. 활동 시간에 줄을 서야 한다고 말해도 이해하지 못하고, 새치기를 하다 보니 친구들과 다툼도 있었다. 조금 더 크면 좋아질 줄 알았는데, 학교에서도 급식 시간에 줄 서는 것 때문에 몇 번 다퉜다는 것을 보니 크게 좋아지지 않은 것 같다.

그런데 입학하고 가장 힘든 점은 따로 있었다. 어린이집에 다닐 때부터 그랬지만, 정현이는 학교 이야기를 도통 하지 않았다. 어린이집에서도 한 아이가 지속해서 때렸다는 것을 졸업하고서야 알게 되어 화가 났던 기억이 있다. 언어 표현이 잘 안 되다 보니 견디기 힘든 친구의 장난도 나중에야 안 적도 많다. 그래서 같은 반 부모 모임이 있으면 일부러 참가해 정현이의 상황을 전달하고 정보를 얻기 위해 노력했다. 하지만 친구들과 계속 갈등이 벌어지다 보니, 결국 친구 부모들과도 사이가 멀어져 이마저도 끊겨버렸다. 학교에서 있었던 일을 한참 지나 다른 부모님에게 듣는 경우가 많았을 정도였다. 담임선생님께서 잘 지도해 큰 문제 없이 끝났다고 하지만, 아이가 집에 와서 학교 이야기를 안 하니 갑갑했다.

정현이가 2학년이 되면서 다른 걱정이 늘었다. 친구들이 정현이가 느리다는 것을 알게 된 것이다. 1학년 때는 서로 적응하다 보니 큰 문제 없이 지나갔는데, 2학년이 되니 학습이나 생활에서 차이가 벌어지는 것을 친구들도 느꼈다. 그래서 담임선생님과 자주 연락하며 상의하고, 학교생활 적응을 위해 많은 노력을 했다.

특수교육대상자로 등록하면 더 적합한 교육을 받고, 친구들도 조금은 부드럽게 대해주지 않을까 생각해 필요한 준비를 했다. 그리고 학교에서 해야 할 일들을 루틴으로 만들기 시작했다. 급식줄 서는 법, 친구들과 놀이할 때 기다리는 법, 교실에서 천천히 이동하는 법까지 하나씩 연습했다. 약속한 루틴을 연습하면서 규칙을 지키는 부분은 조금 나아지기는 했는데 관계적인 부분은 어려웠다.

"엄마! 친구들이 자꾸 나한테 뭐라고 해서 힘들어."

적응이 느린 정현이에게 학교라는 공간은 너무 복잡하고 어려웠다. 놀이 위주였던 어린이집과 달리 학교는 앉아서 공부하고, 규칙을 지키는 일이 많아 힘들었던 것이다. 함께하는 활동이 많아지면서 친구들의 말과 행동을 오해해 공격적으로 반응하는 경우가 늘었다. 화가 난 상태로 집에 와 친구가 괴롭힌다고 말하곤 했다. 그런데 구체적으로 어떤 문제가 있었는지 물어봐도 대답을 하지 못해, 결국 담임선생님과의 통화로 내용을 알아내곤 했다. 알고 보면 별것 아닌 일도 민감하게 대응하니, 짜증과 화를 받아주는 데도 지치고 무뎌져갔다. 내가 대신 학교에 가거나 옆에서 도와줄 수 없어 답답했다. 학년이 올라갈수록 관계와 갈등이 더 복잡해질 텐데 어디까지 도와줄 수 있을지 알 수가 없다.

또래와의 문제를 해결하는 기술

초등학교 입학을 앞두고 느린학습자 부모들의 걱정이 커집니다. 활동 중심의 어린이집과 유치원과 달리 학습과 규칙을 지켜야 하는 집단생활이 본격적으로 시작되기 때문입니다. 이를 위해 교육부에서는 이음학기제도를 만들어 유치원에서 초등학교로 입학할 때, 학생의 적응을 위해 노력하고 있습니다. 하지만 다른 시기와 달리 유-초는 학교급의 차이뿐만 아니라 학습, 생활, 공간 등 많은 변화가 생길 수밖에 없어 더 어려움을 겪고 있습니다.

그래서 많은 부모가 입학 전 아이의 학교 적응을 위해 루틴(등교 및 하교)을 만들거나, 학교생활에 필요한 생활 습관을 가르치려고 합니다. 하지만 부모가 다녔던 학교와 현재의 학교가 다르고, 학교마다 시스템이 조금씩 달라서 열심히 노력한다고 해도 적응은 쉬운 일이 아닙니다. 단순히 시간이 흘러 우여곡절 끝에 조금은 적응하고 있다고 생각하지만, 예상하지 못했던 문제(친구 간 갈등, 교사와의 갈등 등)가 생겨 느린학습자와 부모를 힘들게 합니다. 유치원은 한 반의 원생 수가 비교적 적고, 상대적으로 자유로운 분위기에 교사의 지도가 잘 통하는 경우가 많습니다. 하지만 초등학교는 학생 수가 많거니와 유치원에 비해 수업 방식이 정형화돼 있고 교사의 지시를 따르지 않으면 갈등이 생겨 적응이 더 어렵습니다.

학년이 올라갈수록 갈등의 양상은 복잡해집니다. 의사소통의 차이, 다름을 존중하지 않는 태도, 학습 결과 차이 등 원인이 확실하지 않은 여러 문제가 생기면서 해결 또한 어려워집니다. 그래서 입학 초기에 가르쳐야 할 가장 중요한 삶의 기술은 타인과의 관계에서 벌어지는 다양한 문제를 해결하는 문제 해결 기술입니다. 우리는 아이가 학교에 가면 자연스럽게 문제 해결 기술을 배워, 갈등이 일어났을 때 자연스럽게 문제를 해결할 수 있을 거라고 생각합니다. 하지만 유전적 기질이나 문제 해결 경험 부족 등으로 인해 그런 기술을 자연스럽게 배우지 못하는 학생이 많습니다. 그래서 급격하게 우울해지거나, 반대로 분노를 표출하며 관계를 악화시키기도 합니다. 삶에서 중요한 기술인 문제 해결 기술은 저절로 얻어지지 않습니다. 많은 연습을 통해 배워나가야 합니다. 특히 느린학습자는 사회적 기술이 부족하다 보니 문제 해결 기술을 더 명시적으로 배울 필요가 있습니다.

삶에서 맞닥뜨리는 많은 문제가 우리를 골치 아프게 합니다. 당장 해결이 어려운 문제도 있고, 해결에 시간과 노력이 필요한 문제도 있습니다. 그래서 애써 잊거나, 별일 아니라고 무시하고 넘어가기도 합니다. 몇몇 문제는 무시로 해결되는 경우도 있지만, 대부분은 해결하지 않고 넘어가면 갈등의 씨앗이 되어 장기적으로 더 큰 고통이 되기도 합니다. 올바른 문제 해결을 위해서는 다음 세 가지 단계를 천천히 연습해야 합니다.

먼저 문제 해결의 첫 단계는 **문제를 문제라고 인식하는 것**입니다. 문제의 사전적 의미는 1. 해답을 요구하는 물음, 2. 논쟁, 논의, 연구 따위의 대상이 되는 것, 3. 해결하기 어렵거나 난처한 대상. 또는 그런 일이라고 표현되어 있습니다. problem의 어원은 14세기 후반 라틴어 problema에서 유래한 단어인데 '토론하거나 해결할 어려운 질문, 수수께끼, 탐구할 과학적 주제'라는 뜻입니다.

즉 문제와 problem 모두 해결에 방점을 둔 단어입니다. 하지만 우리는 문제를 만나면 골치 아프다며 피하려고 합니다. 문제를 문제로 인정하지 않고 '나는 아무 문제 없어' '다른 사람 때문이야' 하며 회피하면 문제 해결 시기를 놓쳐 더 큰 문제가 됩니다. 또한 아이가 부모에게 문제가 생겼다고 말한다면 그 용기에 격려해줘야 합니다. 어떤 부모는 아이가 학교에서 있었던 사소한 일을 집에 와서 이야기하면, 대수롭지 않게 "무슨 큰일이라고 별것 아닌 걸로 고민해. 잊어" "그만 징징대고 가서 밥이나 먹어"라고 말합니다. 겨우 말한 아이의 용기를 꺾고 문제를 별것 아닌 일로 만들어버립니다. 이런 부모의 반응은 아이가 가정 밖에서 있었던 일을 차츰 말하지 않게 만들어, 작은 일을 큰일로 만드는 대표적인 원인이 됩니다. 그리고 부모와 아이 사이를 멀어지게 만들고 대화를 단절시키기도 합니다. 아이가 문제가 있다고 말한다면, 혼내거나 대수롭지 않게 넘기지 말고 다음과 같이 질문해야 합니다.

"그랬구나. 아빠한테 용기를 내서 말해줘서 고마워. 어떤 일이 있었는지 자세히 말해줄래?"

더 나아가 아이의 감정을 함께 물어본다면 더 좋은 질문이 될 수 있습니다.

"그때 기분이 어땠어?"

이렇게 아이의 용기를 격려하고 문제와 감정에 대한 질문을 하면, 아이의 현재 상황을 파악하는 동시에 부모의 관심을 표현할 수 있습니다. 만약 아이가 감정을 잘 설명하지 못한다면 함께 감정표를 만들어보는 것도 방법입니다. 감정표를 만드는 가장 간단한 방법은 감정을 신호등이라고 생각하고 나눠보는 것입니다.

감정 신호등* 활동은 보통 저학년 학생과 함께 감정을 신호등에 비유하여, 초록색은 기분이 좋은 감정을 적고, 빨간색은 기분이 나쁜 감정, 노란색은 기분이 좋지도 않고 나쁘지도 않은 감정을 적어보는 활동입니다. 부모와 함께 감정 단어를 배우면 감정 표현이 다양해지고, 감정 조절을 더 쉽게 할 수 있습니다.

기분이 나쁜 감정
예) 화남, 분노, 짜증, 슬픔, 두려움 등

좋지도 않고 나쁘지도 않은 감정
예) 놀람, 태연함 등

기분이 좋은 감정
예) 기쁨, 편안, 행복 등

* 《교실 속 감정 수업》, 신건철·박소연, 지식프레임, 2022.

두 번째 단계는 **해결책을 함께 고민하는 것**입니다. 문제 해결에는 몇 가지 원칙이 있습니다.

문제 해결의 원칙[**]

1. 넘어갈 수 있으면 넘어갑니다.
2. 또 문제가 생기면 상대방에게 자기감정을 부드럽게 표현합니다.
3. 그래도 해결이 안 되면 선생님이나 부모님께 도움을 요청합니다.

모든 문제를 해결할 수는 없습니다. 그래서 처음 생긴 일이나 사소한 일 중 해결하지 않고 넘어갈 수 있는 문제는 넘어가도록 가르칠 필요가 있습니다. 하지만 다시 비슷한 문제가 생긴다면 복합적인 원인이 있을 수 있습니다. 문제를 스스로 해결하기 위해서는 상대방에게 부드럽게 감정을 표현하는 법을 가르쳐야 합니다. 감정을 표현할 때는 '**나 전달법**'이 좋습니다. 말의 시작을 '너'로 하면 비난으로 들려 갈등을 키울 수 있습니다. 나 전달법은 자연스러울 때까지 연습하지 않으면 쉽게 하기 어려운 표현법입니다. 그래서 효과적인 나 전달법을 위해 아이와 다음 단계를 연습합니다.

1. **행동**: 나를 불편하게 한 상대의 행동을 말합니다. 이때 말의 시작을 너의 행동 때문이라고 시작하면 자칫 상대방을 탓하는 것처럼 느껴져 갈등을 키울 수 있습니다. 그러니 "**나를 놀려서**"처럼 상대방의 행동만 담백하게 말합니다.
2. **느낌**: 그때 느낀 자기감정을 상대방에게 전달합니다. 감정을 전달할 때는 단순하게 "기분이 나빠"처럼 전달하기보다 "**화가 났어**"처럼 구체적인 감정 단어를 사용하는 것이 좋습니다.
3. **욕구**: 앞으로 상대방에게 바라는 점을 전달합니다. 상대방이 비난받는다는 생

** 《학급긍정훈육법》, 제인 넬슨·린 로트, 에듀니티, 2014.

각이 들지 않도록 끝을 "**~해주면 좋겠어**"로 마무리하면 좋습니다.

어제 친구가 바보라고 놀려서 화가 나고 기분이 나쁜 상황을 가정해보겠습니다.

"어제 나를 바보라고 놀려서 화가 났어. 그만 놀리면 좋겠어."

이렇게 '나 전달법'을 통해 자신의 감정과 상대방에게 바라는 점을 구체적으로 전달하는 연습을 해야 합니다. '나 전달법'에 익숙해진 후에는 더 구체적이고 효과적인 **'5W1H(육하원칙) 감정 표현법'**을 사용할 수 있습니다. 육하원칙을 활용한 감정 전달은 초등학교 저학년보다 고학년과 중고등학생에게 더 효과적입니다. 기분이 나빴을 때 바로 사용하기보다, 갈등이 심해질 때 미리 해야 할 말을 정리해서 사용하면 효과적입니다.

1. 상황 인식

상황: 어제 친구가 바보라고 놀려서 화가 나고 기분이 나쁜 상황

누가 누구와 있었던 일인가요?	친구 OOO
언제 언제 있었던 일인가요?	어제
어디서 어디에서 있었던 일인가요?	교실
무엇을 그때 내 감정은 무엇인가요?	화가 났다.
왜 이 감정의 원인은 무엇인가요?	친구가 바보라고 놀려서
어떻게 어떻게 해결하기를 원하나요?	더 이상 놀리지 않으면 좋겠다.

2. 나 전달법을 활용하여 표현하기

상황 인식에 따라 정리한 내용을 바탕으로 다음 표에 5W1H 내용을 넣고 연습합니다.*

나는 (언제) (어디)에서 (원인) 때문에 (내 감정) 했어. (해결 방법) 해주면 좋겠어.

예시
나는 (어제) (교실)에서 (바보라고 놀림을 받아서) (화가 났어). (더 이상 놀리지 않으면) 좋겠어.

아이의 나이에 따라 '나 전달법'이나 '5W1H 감정 전달법'을 활용하면 감정을 더 효과적으로 전달할 수 있습니다. 이렇게 말했는데도 해결되지 않으면 아이 혼자 해결이 어려운 문제입니다. 그래서 스스로 해결하기 어렵다면, 선생님이나 부모님에게 문제를 말하고 도움을 요청하도록 가르쳐야 합니다. 하지만 언어적 문제로 구체적인 상황 전달에 어려움이 있을 수 있으니, 천천히 기다리면서 질문을 통해 상황을 파악해야 합니다. "그래서?" "그랬구나?" "그다음에는?"처럼 아이에게 공감하는 말을 사용하여 천천히 자신의 이야기를 풀어낼 수 있도록 기다려줘야 합니다.

세 번째 단계는 **문제 해결을 위한 자신감을 갖는 것**입니다. 지속해서 문제 해결에 어려움을 겪거나, 실패를 경험한 사람은 자신감이 부족해집니다. 그래서 문제를 만나도 회피하고 도망가기 바빠집니다. 이런 아이에게 부모가 해야 할 일은 아이가 할 수 있음을 말해주고 믿어주는 것입니다. 신뢰는 '믿어주기' 때문에 생기고, 아이에게 가장 큰 신뢰를 보내줄 사람은 부모입니다.

아이의 전달력이 부족하고 서툴러도 기다리면서 스스로 해결할 기회를 제공해야 합니다. 그래야 장기적으로 자신의 문제를 스스로 해결하는 사회적 기술을 배울 수 있습니다. 자신감은 만들고 싶다 해서 쉽게 만들어지지 않습니다. 자신감은 존재감과 소속감이 충족된 상황에서 성공 경험이 누적되면 자연스럽게 따라오는 감정이기

* 《교실 속 감정 수업》, 신건철·박소연, 지식프레임, 2022.

때문입니다. 그래서 아이의 자신감을 키워주고 싶다면, 먼저 아이가 존재 자체로 괜찮은 사람이라는 것을 지속해서 알려주고, 가정 내에서 소속감을 가질 수 있도록 작은 것부터 역할을 부여해야 합니다. 이런 과정이 반복되면서 성공 경험이 생긴다면, 자신감을 얻어 타인과 소통할 수 있게 됩니다.

우리가 잊지 말아야 하는 것은 아이의 문제는 아이 스스로 해결했을 때 가장 잘 해결된다는 것입니다. 부모는 아이의 실패를 부모의 실패와 동일시하는 경향이 있습니다. 그런데 아이는 부모와 전혀 다른 존재임을 존중한다면, 아이의 실패가 얼마나 소중한 기회인지 깨달을 수 있습니다. 부모는 실패한 아이를 다시 일으켜 세워 한 걸음 앞으로 나가게 돕는 역할을 해야 합니다. 아이의 문제 해결을 도와주라는 것은 아이가 실패해도 일어나 스스로 해결할 수 있도록 도와주라는 것이지, 대신 해주는 것이 아닙니다. 오히려 부모가 문제를 대신 해결해준다는 인식을 갖게 된다면 아이는 문제 해결 능력을 잃게 됩니다.

친절하고 단호한 부모를 위한 체크리스트 06

학교는 작은 사회인 가정을 벗어나 처음 시작하는 사회생활입니다. 가정에서 배운 품성과 삶의 기술을 기반으로 나와 다른 사람과 어울려 살아가는 사회적 기술을 배웁니다. 부모와 자녀, 형제자매같이 서로를 의지할 수 있는 끈끈한 관계로 형성된 가정과 달리 학교는 느슨한 관계이면서 타인과 관계 맺는 방법을 스스로 고민하는 공간입니다. 그래서 갈등이 생겨도 가정에서보다 해결이 어렵고, 그 여파를 스스로 감당하기 어려운 경우가 많습니다. 이런 많은 관계와 갈등 속에서 자녀에게 진정으로 필요한 삶의 기술은 자신의 감정을 파악하고 이를 효과적으로 전달하는 것입니다. 그리고 문제를 만났을 때 책임감을 갖고 스스로 해결해보려는 의지도 필요합니다. 자녀의 문제는 자녀 스스로 해결했을 때 가장 효과적입니다.

- ☐ 자녀와 다양한 감정을 분류해봤습니다.
- ☐ 문제 해결 단계를 같이 해봤습니다.
- ☐ 나 전달법을 연습했습니다.
- ☐ 불편한 상황을 파악하고, 어떻게 문제를 해결하고 싶은지 정리해서 표현했습니다.
- ☐ 자녀가 스스로 문제를 해결할 수 있도록 믿어주었습니다.

느린학습자를 위한 학습 습관

○○●●

"엄마. 화 안 낼 거죠?"

유현(가명)이는 주말마다 엄마와 공부했다. 평일에 부족했던 부분을 주말에 복습하기 위해 정해진 시간에 공부하기로 했다. 하지만 공부가 점점 어려워질수록 유현이와 싸우는 일이 잦아지고 있다. 그래서 그런지 약속된 시간이 다가오면 쭈뼛쭈뼛 다가오는 유현이가 딱했다. 오죽하면 화 안 낼 것인지를 먼저 물어볼까 생각하며 마음을 다잡았지만, 가르치다 보면 답답한 마음에 감정 조절이 어렵다. 화를 내면 잠깐 집중해서 공부하는 것 같지만 이내 딴짓하는 유현이를 보면 화를 참기가 쉽지 않았다. 혼난 다음 시무룩한 얼굴로 공부하는 모습이 불쌍해 보여 혼자 마음 쓰린 적도 많다.

느린학습자 진단을 받은 후 가장 중요하게 생각한 것은 언어였다.

기본적인 언어 해독이 안 되다 보니 책을 읽고도 어떤 내용인지 기억을 못 할 때가 많았다. 그래서 함께 걸으며 간판을 읽어보기도 하고 보드게임을 배워보기도 했다. 유현이가 책과 친해지도록 어린이집, 유치원에서 책 읽어주는 봉사도 많이 했다. 다행히 유현이는 엄마가 친구에게 책 읽어주는 것을 너무 좋아했다. 책과 더 친해지기 위해 유현이와 함께 도서관에서 책을 고르고, 어떤 질문을 만들면 좋을지 이야기도 했다. 그래서 겨우 책과는 친해지게 되어 언어 부분은 작은 성공을 거두기도 했다.

하지만 언어보다 어려운 것이 수학이었다. 단순 계산은 그나마 가능한데 조금만 복잡해지거나 문장형 문제가 나오면 이내 포기하기 일쑤였다. 안 그래도 어려운 수학과 국어가 합쳐지니 유현이에게는 너무 어려웠던 것 같다. 그래서 유현이가 좋아하는 캐릭터를 넣은 학습지를 직접 만들어 공부하니 전보다 나아지기는 했다.

막막하기만 하던 때 특별한 인연을 만나기도 했다. 공부 습관을 기르기 위해 보낸 공부방 선생님과 너무 잘 맞았다. 일부러 선생님과 일대일 학습할 수 있는 시간에 맞춰 보내 긴 시간 집중해서 공부하는 습관을 기를 수 있었다. 유현이를 보면 분리불안이 있어 군대 가서도 자주 연락한다는 아들이 생각난다며, 자기 아들과 함께 공부했던 방법을 사용해주시기도 했다. 이런 인연 덕분에 유현이는 학습에 자신감이 생겨 어려운 문제도 도전할 수 있는 용기를 얻었다. 너무 다행이었다. 학년이 올라갈수록 어려워지는 공부로 자신감을 잃어가던 유현이에게 작은 성공을 만들어줘 너무 감사했다.

"저녁마다 엄마랑 같이 공부하면 어때? 우리 약속하자."

2학년 겨울방학이 되면서 유현이와 엄마는 약속했다. 간단하게 책만 읽던 평일 저녁 시간에 본격적으로 공부를 하기로 한 것이다. 다행히 누나인 유진이가 함께해줘 더 쉽게 습관을 만들 수 있었다. 처음에는 잠시 앉아 있기도 힘들었지만, 공부 내용을 담아 함께 노래 부르면서 유현이가 좋아하는 방식으로 공부했다. 그리고 매일 일기도 쓰기로 했다. 유현이의 학교생활과 학습 습관을 위해 오늘 있었던 일을 일기에 정리했더니 성장 과정을 볼 수 있어 좋았기 때문이다.

유현이가 공부방에서 돌아오면 집안일과 함께 공부를 봐주어야 해 지치고 힘들었지만, 조금씩 좋아지는 모습에 지친 줄도 모르고 지낸 날이 많았다. 같이 공부하면서 웃거나 싸우는 일도 많아졌다. 하지만 이렇게 해서라도 공부 습관을 잡아놓지 않으면 점점 더 못하게 될까 봐, 하루라도 허투루 넘길 수가 없다.

약속 만들기

한때 습관을 바꾸는 방법을 소재로 한 책들이 유행한 적이 있습니다. 습관을 바꾸려면 일정 시간 이상 반복이 필요함을 강조한 책이었습니다. 한 번 생긴 습관을 바꾸기 어렵다는 것을 알려주는 책이지만, 반대로 일정 기간 노력하면 습관을 바꿀 수 있다는 것도 알려줬습니다. 그런데 이 책을 읽고 습관을 바꾸려고 노력한 사람은 대부분 실패합니다. 이미 몸에 밴 습관들은 대부분 몸과 마음이 편하거나, 노력하지 않아도 만들 수 있는 습관입니다. 하지만 앞으로 바꾸고 싶은 습관은 몸과 마음이 불편하고, 노력해야만 얻을 수 있습니다. 그래서 습관을 바꾸기는 어렵습니다.

그리고 습관을 만들었다고 해도 며칠만 노력하지 않으면 원래대로 돌아갑니다. 아이를 훈육하다 보면 자신의 일을 스스로 찾아서 하도록 습관을 들이기가 어렵습니다. 아이 역시 편한 것을 찾는 것이 본능이고, 학습이나 집안일 등 귀찮고 어려운 일에는 많은 노력과 결심이 필요하기 때문입니다. 그래서 어릴 때부터 수저 놓기, 청소 등 아이가 하기 쉬운 작은 것부터 시작해서, 차츰 복잡한 집안일이나 분리수거처럼 어려운 일을 함께해 자기 일을 스스로 찾아서 하는 습관을 길러줘야 합니다. 특히 그중에서 학습은 부모와 아이가 가장 많이 부딪히는 부분입니다. 5분도 앉아 있기 어려웠던 아이를 10분 앉아 있게 하기는 아주 어렵습니다. 놀고 싶어 하고 공부를 자기 일이라고 생각하지 않는 아이에게 학습 습관을 어떻게 만들어주어야 할까요?

가장 선행되어야 하는 조건은 부모의 변화입니다. 아이에게는 책상에 앉아 공부하라고 말하고 스마트폰으로 논다면, 부모 역시 자기 일을 하지 않는다고 느낄 수 있습니다. 아이의 학습 습관을 기르기 위해서는 부모도 자기 일을 성실히 수행하고 있다는 것을 보여줘야 합니다. 그래서 아이가 공부할 때, 부모도 옆에서 책을 읽거나 아이의 학습에 관심을 갖고 옆에서 도와주어야 합니다.

이렇게 선행조건이 완성되었다면 학습 습관을 만들기 위한 약속 만들기 4단계를 따릅니다.

1단계. 약속을 함께 정해 잘 보이는 곳에 붙입니다.

부모는 아이와 저녁 시간에 공부하기로 약속했다고 믿고, "우리 얼마 전에 약속했잖아?"라고 말합니다. 그러면 아이는 "언제? 그건 엄마 혼자 정한 거잖아"라고 반문합니다. 약속이라고 말했지만, 사실은 부모가 통보했기 때문입니다. 그래서 약속을 정할 때는 꼭 아이와 함께 정해야 합니다. 우리는 아이에게 공부를 시킨다고 생각하지만, 엄밀히 말하면 공부는 스스로 하는 것입니다. 사람들은 타인이 선택한 것(지시하는 것)을 따르지 않으려는 경향이 있습니다. 그래서 부모(타인)가 선택한(시킨) 공부(시켜서 하는 공부)는 아이에게 장기적인 유인책을 주지 못합니다.

특히 학습이 어려운 느린학습자에게 공부는 피하고 싶은 영역이다 보니 부모의 지시를 더 따르지 않을 수 있습니다. 어떤 부모는 아이의 어릴 적만 생각하고 "어릴 때는 말을 잘 들었는데 이제 말을 안 들어요"라고 말하곤 합니다. 하지만 이 말은 아이가 어리다 보니 자기 표현력이 약하고 의존성이 강해, 부모의 권위에 의해 지시를 수행했다는 것을 잘 모르고 하는 말입니다. 성장함에 따라 자기가 결정하고자 하는 의지가 강해지고, 의존성이 낮아지다 보니 점차 부모의 말을 듣지 않는 것처럼 느껴지는 것입니다.

그런데 아이는 부모의 말을 안 따르는 것이 아닙니다. 단지 자신이 선택하지 않았거나, 이해되지 않는 지시를 따르지 않는 것입니다. 그래서 약속의 사전적 정의가 '다른 사람과 앞으로의 일을 어떻게 할 것인가를 미리 정하여 둠. 또는 그렇게 정한 내용'이라는 것을 기억해서 아이와 함께 약속해야 합니다. 사람은 자기가 선택한 것에 책임감을 느끼므로, 부모의 지시보다 더 효과적으로 습관을 형성할 수 있습니다. 약속을 정했다면, 꼭 잘 보이는 곳에 붙여놓아야 합니다. 자주 보면서 되새기고, 약속을 지키지 않았을 때 확인용으로 사용할 수 있기 때문입니다.

2단계. 약속을 지켰는지 점검합니다.

약속했다고 바로 습관이 만들어지는 것은 아닙니다. 약속은 하기보다 지키기가 훨씬 어렵습니다. 그래서 아이가 약속대로 했는지 확인하고, 약속을 지키지 않았으면 어떤 어려움이 있는지 확인해야 합니다. 이때 약속을 지키지 않았다고 비난하거나 혼을 낸다면, 감정적으로 다투게 되어 약속을 더 안 지키게 될 수 있음을 알아야 합니다.

부모는 약속을 지킨 아이에게 **"우리의 약속을 지켜줘서 고마워"**라고 격려하고, **"아빠가 볼 때는 OO이가 약속 지키는 것이 어려운 듯 보여. 아빠가 도와줄 게 있을까?"**처럼 아이가 어려워하는 것을 호기심 질문으로 찾아내 함께 해결하려고 노력해야 합니다. 아이가 약속을 지키는 데 힘든 점이 무엇이고, 어떻게 도와줄 수 있을지 궁금해서 질문해야 합니다. 예를 들어 아이가 약속된 저녁 6시가 되었는데 정해진 학습을 하지 않는다면, 궁금증을 담아 다음과 같이 질문하면 좋습니다.

가짜 질문	진짜 질문
저녁 6시에는 앉아서 공부하라고 했지?	우리 저녁 6시에 뭐하기로 약속했지?

두 질문 모두 물음표로 끝났지만, 부모의 표정과 말투는 어땠을까요? 화난 표정과 말투로 가짜 질문을 사용하면, 아이는 비난으로 받아들이고 부모의 말을 듣지 않게 됩니다. 약속을 관철할 때는 함께 정한 약속이 무엇이었는지 확인하는 질문이 제일 좋습니다. 예를 들어 저녁 6시에 숙제하기로 한 약속이었다면, 6시에 하기로 한 약속이 뭐였는지 물어봅니다. 그래도 지키지 않으면 약속을 적어둔 곳을 가리키면서 **"우리 약속이 뭐였지?"**라고 질문하면서, 아이가 스스로 확인하도록 안내합니다.

3단계. 약속을 계속 지키지 않으면, 그 이유를 이야기하고 약속을 수정합니다.

질문으로 아이와 약속을 확인했음에도 계속해서 지켜지지 않는다면, 수행하기 어려운 약속이거나 약속 자체에 문제가 있을 수 있습니다. 이때는 약속 자체를 아이와 다시 정하는 것도 좋은 방법입니다. 약속은 지키지 않는 것보다, 지켜지지 않는 이유를 확인하지 않거나, 약속을 바꾸지 않는 것이 더 문제입니다. 이런 문제는 약속의 의미를 퇴색시키고, 장기적으로 부모의 권위를 실추시키는 원인이 됩니다. 지난 약속이 실패했던 원인을 아이와 찾고, 어떻게 하면 약속을 잘 지킬 수 있을지 같이 고민하는 과정에서 많은 성장이 일어납니다. 함께 약속을 수정하고, 다시 약속하는 과정에서 아이는 주도성과 문제해결력을 배웁니다. 아이와 약속을 다시 정하기 전에 부모의 걱정되는 감정을 진심으로 전하면 좋습니다.

'수정하기 전에 연결되라' 하는 말처럼, 아이가 약속을 지키지 않는 것을 수정하기 위해서는 부모의 진심 어린 감정을 전달하며 아이와 연결되어야 합니다. **"OO아. 요즘 우리 약속이 잘 지켜지지 않는 것 같아 아빠가 걱정돼. 약속을 지키는 데 어려운 것이 있었니?"**

4단계. 약속을 신뢰하고 관철하세요.

약속이 궤도에 올라 습관이 되어간다면, 부모의 역할은 믿어주고 지속성을 부여하는 것입니다. 아이를 가장 기쁘게 하는 것은 부모가 자신을 신뢰하고 있음을 알아차리는 것입니다. 그래서 부모는 아이를 신뢰한다는 말을 자주 전하는 것이 좋습니다. 그렇다고 '너를 믿는다'처럼 너무 직접적인 말은 강요나 압박으로 느껴질 수 있습니다. 그래서 **"아빠는 우리 OO가 약속을 잘 지켜줘서 너무 고마워"**처럼 감사한 부모의 마음을 전하며 격려합니다.

6시에 하기로 한 약속이라고 6시 땡! 종 치면 바로 해야 한다는 편견도 버려야 합니다. 약속된 시간이 가까워져도 준비가 되지 않았다면 화를 내지 않고 신뢰하며 기다려줘야 합니다. 혹시 실수로 약속을 지키지 않는다면 단호하게 **"우리 약속이 뭐였지?"**라고 질문하고 약속을 되새기게 해줍니다. 아이의 행동을 신뢰하고 실수에 단호하게 질문해 지속성을 부여한다면, 약속은 습관이 될 수 있습니다.

친절하고 단호한 부모를 위한 체크리스트 07

부모에게 가장 어려운 일은 자녀의 습관을 만들어주는 것입니다. 놀고 싶고, 재미있는 것만 하고 싶은 자녀에게 학습과 집안일 등 해야 하는 과제를 스스로 하도록 습관을 들여주기는 쉽지 않습니다. 그래서 자녀가 자신의 과제를 인식하고, 습관으로 만들기 위해서는 부모의 노력이 선행되어야 합니다.

자녀의 습관을 위해 함께 약속을 만들고, 부모가 약속을 함께 지키는 모범을 보여줘야 합니다. 많은 부모가 자녀와 함께 만든 약속을 자녀가 지키지 않는다고 하지만, 실상은 부모가 만든 약속을 자녀에게서 확인만 하는 과정인 경우가 많습니다. 혹은 자녀의 현재 상황과 의지와 달리 과도한 과제를 부여하거나, 약속을 제안한 부모가 오히려 그 약속을 지키지 않는 경우도 있습니다.

실천 가능한 약속을 자녀와 함께 만들었다고 하더라도, 그 약속을 지속해서 지키기는 어려울 수 있습니다. 약속이 습관이 되려면, 약속을 신뢰하고 잘 지켰는지 매일 확인해야 합니다. 잔소리보다는 함께 만든 약속이 무엇이었는지 질문해야 합니다.

"우리 지금 뭐하기로 약속했지?"

- ☐ 부모가 먼저 변화하려고 노력했습니다.
- ☐ 약속을 함께 정했습니다.
- ☐ 약속을 지켰는지 자주 점검했습니다.
- ☐ 약속을 계속 지키지 못한 경우 함께 수정했습니다.
- ☐ 약속을 신뢰하고 지킬 수 있도록 도와주었습니다.

느린학습자의 일상

○○●●

"엄마, 오늘 버스에서 잘못 내려서 헤매다 왔어요."

평소보다 집에 늦게 돌아온 도윤(가명)이가 말했다. 이제 중학생이라 버스를 타고 등하교하는데, 매번 오가는 길인데도 집중하지 못했다고 했다. 혼자서 해결해보려고 엄마한테 연락도 없이 한참 헤매다 돌아왔다는 말이었다. 중학교 배정을 받고 방학 동안 버스로 등하교하는 과정을 같이 연습하고, 잊어버릴 것 같아 몇 번이고 말했지만, 종종 실수하는 것은 어쩔 수 없었다. 얼마 전에는 수영장을 가는데 수영복을 안 가져가는 실수를 해 고생했던 적도 있다.

학습은 천천히라도 따라갈 수 있는데, 생활은 연습해도 도통 해결이 안 되는 경우가 많아 염려되었다. 자랄수록 생활반경이 넓어지고 활동도 다양해지다 보니, 초등학교 때처럼 모든 것을 다 연습하기에는 무리가 있었다. 그래도 혼자 해결하려고 노력했다는 점이 대견해서 칭찬해주기는 했지만, 더 연습시켜야겠다는 생각이 들었다.

도윤이의 엄마는 도윤이가 중학생이 되면서 초등학교 때와는 다른 고민이 생겼다. 초등학생 때는 공부만 따라가면 괜찮을 거라고 생각했지만, 중학생이 되면서 일상생활에서 겪는 문제들이 점점 많아졌다. 다른 친구들은 혼자서 대중교통도 잘 이용하고 장보는 것도 척척인데 도윤이는 아직 실수가 많다. 사회생활을 하려면 기본적인 것들은 스스로 할 수 있어야 하는데 그게 참 어려웠다. 얼마 전에는 씻고 나왔는데 비눗기가 가득하길래 이상해서 물어보니 씻는 방법도 제대로 모르고 있어 충격을 받았다.

이렇게 많은 문제가 있었지만 제일 어려웠던 부분은 자기 돈이 소중하다는 것을 모르는 것이었다. 아무 생각 없이 친구들에게 먹을 것을 사 주면서 돈을 다 쓰거나, 쓸데없는 물건을 사서 집에 쌓아놓는 일도 있었다. 이게 무슨 필요가 있냐고 물어보면 우물쭈물 넘어가거나 핑계를 대기도 했다. 심지어 얼마 전에는 자기 물건을 친구에게 그냥 주고 와서 혼내기도 했다. 비싼 물건은 아니었지만 자기 물건 소중한 줄 모르는 모습이 너무 불안했다. 커서 자기 것은 챙기고 살지 걱정이다.

"도윤아 우리 하나씩 적으면서 연습해보자."

이렇게 살면 나중에 사회생활이 힘들 것 같아서 다시 하나씩 연습하기로 약속했다. 메모를 하면 좀 나아진다는 말을 듣고 대중교통, 장보기 등을 혼자 할 수 있도록 메모장을 만들어줬다. 두세 달 같이 다니면서 버스 번호와 내리는 정류장 이름, 장을 봐와야 할 것들을 메모장에 적어주었더니, 수월하지는 않아도 어느 정도 할 수 있었다. 집에서도 자기 역할을 하면 조금 더 나아지지 않을까 생각해 혼자서 할 수 있는 집안일을 확인하고 역할을 주기 시작했다. 평소 가족끼리 밥을 먹을 때 도윤이가 무엇을 해야 할지 몰라 가만히 있는 일이 많았다. 그래서 간단한 반찬 뚜껑 열기, 수저 놓기, 물을 컵에 따라 놓기부터 천천히 할 수 있는 일의 영역을 넓혀갔다.

빨래를 갤 때는 수건이나 양말처럼 쉽게 할 수 있는 일을 맡기고, 청소할 때도 물건 제자리에 두기, 먼지 털기 등 역할을 주고 함께 했다. 처음에는 힘들어하고 하기 싫어했지만, 집안 구성원이 되기 위해서는 꼭 해야 한다고 설득했다. 그렇게 집안일을 스스로 하면서 소속감을 느꼈는지 더 열심인 모습이 보여 뿌듯했다. 작은 일이지만 스스로 하다 보니 자극이 되었던 것 같다. 어려운 것은 그림을 그려 알려주고 실제로 해보게 했더니 효과적이었다. 차츰 스스로 할 수 있는 것이 늘고 있어 위안이 되었다.

실수에서 배우게 하기

아이가 자랄수록 해야 할 일과 하고 싶은 일이 많아집니다. 그래서 당연히 실수가 늘어날 수밖에 없습니다. 잦은 실수에 부모가 화를 낸다면 아이는 실수를 하지 않으려고 행동을 멈추거나 부모의 눈치를 보면서 회피합니다. 반대로 "그럼 그렇지. 하지마!"라고 하면, 풀이 죽어 잘하던 일도 하지 않게 됩니다. 실수를 용인하지 않고 혼내거나 부모가 대신해주면, 겉으로 볼 때는 실수가 준 것 같지만 실상은 자립심을 꺾는 일일 수 있습니다. 사람은 처음부터 잘하고 성공하기 어렵고, 실수에서 배우면서 성장하기 때문입니다.

그래서 아이가 실수했을 때 장기적 성장과 자립을 위해 부모의 격려와 지지가 정말 중요합니다. 아이가 실수를 통해 무엇을 배우기를 원하나요? 실수한 행동을 연습하고 수정하면서 성장하기를 원한다면 어떻게 해야 할까요?

아이가 밥상 차리는 것을 돕다가 물컵을 떨어뜨려 깼다고 해봅시다. 당황한 아이는 부모의 눈치부터 살핍니다. 이때 부모는 어떻게 반응해야 할까요? 혼을 내야 할까요? 아니면 실수를 회복할 기회를 주지 않고 부모가 치워야 할까요? 아이에게 실수에서 회복하는 법을 가르치려면 스스로 실수를 수습하는 경험을 하게 해야 합니다. 실제로 제가 가르쳤던 5학년에서 벌어진 일을 예로 들어보겠습니다.

5학년 학생 A가 교실에서 급식을 받고 자리로 돌아가고 있었습니다. 평소 실수를 잘 하지 않던 학생이었는데, 갑자기 급식판을 바닥에 엎어버렸습니다. A는 금방이라도 울 것 같은 얼굴로 저를 쳐다보았고 교실은 정적이었습니다. A가 **"선생님 어떻게 하죠?"**라고 물었습니다. 저는 잠시 어떻게 말해야 A가 실수에서 가장 효과적으로 회복할 수 있을까 고민했습니다. 평소 감정적으로 불안정하고 눈물이 많은 A를 혼내면 더 주눅이 들 것 같았습니다. 그래서 **"어떻게 하면 될까?"**라고 A에게 되물었습니다.

A는 눈물 맺힌 눈으로 "**치워야죠**"라고 말하더니 흘린 음식들을 주워 담았습니다. 같이 있던 친구들이 조금씩 도왔고 저도 마지막 뒤처리를 도왔습니다. 그렇게 다시 평온한 급식 시간으로 돌아갈 수 있었습니다.

만약 제가 A를 혼냈다면 어떻게 되었을까요? 다른 친구들이 A를 도울 수 있었을까요? 아니면 제가 A에게 "그냥 놔둬. 선생님이 할게"라고 말했다면 어떻게 되었을까요? A에게 되물은 저의 질문으로 A는 실수에서 회복하는 법을 배웠고, 같은 반 학생들은 배려와 협력을 배웠습니다. 앞의 아이도 같습니다. 깨뜨린 물컵은 아이 스스로 치우는 것이 맞습니다. 물론 깨진 컵은 위험하니 부모님이 함께해야 합니다.

실수에서 가장 큰 문제는 실수로 문제가 생긴 것이 아니라, 실수를 인정하지 않고 책임을 회피해 실수에서 회복하지 못하는 것입니다. 실수를 인정하지 않고 오히려 화를 내거나, 책임지지 않고 다른 사람에게 책임을 전가하기도 합니다. 실수를 인정하지 않는 아이에게는 어떻게 말해야 할까요? 일부 부모는 실수를 인정하게 하려고 "실수했으면 인정해!"라고 말하거나 "도대체 왜 맨날 그러니?"라고 평소 문제와 엮어서 핀잔을 줍니다. 부모가 의도한 것은 아이가 스스로 실수를 인정하고 반복하지 않도록 하는 것이었지만 의도대로 되지 않습니다. 결국 아이와 싸우게 되고 같은 실수가 반복됩니다.

아이가 실수를 인정하지 않고 떼를 쓴다면 안아주면서 대화를 이어가야 합니다. 누구든 실수할 수 있고, 부모도 비슷한 실수를 했다고 말해줍니다. 부모가 작은 실수를 해 그럴 수 있음을 보여주는 것도 좋은 방법입니다. 일부러 물을 쏟은 뒤 "아빠가 실수했네? OO아 이제 아빠가 어떻게 하면 될까?"라고 질문합니다. 아이는 자연스럽게 "닦으면 돼요"라고 대답할 것입니다. 이후 부모가 실수에서 회복하는 모습을 보여준다면 실수를 인정하는 것이 얼마나 중요한지 모델링할 수 있습니다. 아니면 아이가 실수에서 회복하지 못하고 낙담한다면, 스스로 실수에서 회복할 수 있도록 믿고 지지해줘야 합니다.

반복되는 실수는 아이의 자신감을 빼앗아 점차 아무것도 하지 않게 만듭니다. 당연히 처음에는 느리고 답답하고 위험하고, 결과가 좋지 않을 수도 있습니다. 하지만 아이 스스로 문제를 해결하는 경험은 중요한 삶의 기술을 배우는 기회입니다.

느린학습자 아이는 또래보다 같은 실수를 더 반복할 수 있습니다. 그리고 그 실수를 인정하지 않거나 회복하려고 노력하지 않을 수 있습니다. 그런 때일수록 부모는 믿고 또 믿어주면서 아이 스스로 할 수 있다고 격려해야 합니다. 부모의 격려로 아이는 자신감을 얻고 한 걸음 앞으로 나아갈 수 있습니다. 아이에게 실수에서 회복하는 방법을 가르치기에 앞서 함께 실수에 대해 이야기해보는 시간을 가진다면 더 자연스럽게 실수를 인정할 수 있게 됩니다. 다음 단계에 따라 실수에 대해 함께 이야기해봅시다.

1. 실수에 대해 이야기하기

아이와 함께 실수가 무엇인지에 대해 이야기를 나눕니다. 일반적으로 두 가지 실수가 있습니다. 첫 번째는 식탁 위에 있는 물컵을 툭 쳐서 '아차!' 하면서 의도성 없이 일어나는 실수입니다. 이런 실수는 반복해서 연습한다고 쉽게 줄지 않습니다. 주변을 살피는 시야와 조심성을 길러야 줄어드는 실수입니다. 두 번째 실수는 약속한 것을 지키지 않거나, 과제를 학교에서 가지고 오지 않는 것처럼 의도성이 포함된 실수입니다. 갑작스레 일어난 일이 아니라, 약속이나 과제를 해야 함을 간과해서 일어나는 실수입니다. 같은 실수지만, 이렇게 실수에 대한 정의가 서로 다를 수 있습니다. 그래서 아이와 실수가 무엇인지에 대해 함께 이야기해야 서로가 생각하는 실수에 대한 정의를 비교하고 갈등을 줄일 수 있습니다.

"OO아, 실수란 뭐라고 생각하니?"

2. 부모와 함께 실수했던 경험 나누기

부모의 실수담을 통해 실수에 대한 경계심을 낮춥니다. 보통의 부모는 약한 모습을 보여주기가 싫습니다. 부모 자신도 실수를 허용하지 못해 아이에게 실수한 모습을 보여주지 않으려고 합니다. 그래서 부모가 한 실수를 숨기거나 실수가 아니라고 말하기도 합니다. 부모의 실수담은 아이에게 실수란 숨겨야 하는 것이 아니라, 자연스럽게 이야기하고 나눌 수 있는 것이라는 인식을 심어주게 됩니다. 그래서 아이가 쉽게 이해할 수 있는 어릴 적 실수했던 경험이나, 최근에 실수했던 경험을 자연스럽게 이야기합니다.

3. 실수했을 때 회복했던 경험 나누기

부모가 실수했을 때 어떻게 해결했는지 이야기를 나눕니다. 예를 들어 버스를 놓쳐 걸어갔던 이야기, 물컵을 깨서 치우느라 고생했던 이야기 등 아이가 재미있게 들을 수 있는 이야기가 좋습니다. 이런 대화는 실수란 심각한 문제가 아니라, 책임지고 회복하면 된다는 인식을 기를 수 있게 합니다. 그리고 부모가 실수했음에도 책임지고 회복했던 과정을 통해 배우게 됩니다. 세 가지 과정을 통해 실수에 대해 어느 정도 인식한 다음에는 다음 3단계를 통해 실수에서 회복하는 방법을 연습합니다.

1단계. 실수를 스스로 인정하기

실수에서 가장 중요한 것은 자신의 실수를 인정하는 것입니다. 실수가 실수임을 인정하는 것에서부터 문제 해결이 시작됩니다. 그래서 아이가 자신의 실수를 인정한다면 "**실수해서 힘들었지? OO가 실수했다고 말해줘서 너무 고마워**"처럼 격려합니다. 자신의 실수를 인정하는 행위에는 큰 용기가 필요합니다. 용기를 낸 아이를 격려하면 실수를 두려워하기보다 해결해야 할 문제로 인식하게 됩니다.

2단계. 실수에 대해 사과하기

실수로 다른 사람이 피해를 입었다면 사과해야 합니다. 보통 이 단계에서 사과하려고 하지 않는 아이와 실랑이를 벌이게 됩니다. 실수했을 때 자신이 공격받는다고 느끼면, 잘못을 사과하지 않고 방어기제(회피하기, 싸우기, 얼어붙기)가 나타나기 때문입니다. 그래서 부모가 먼저 모범을 보이면서 진심 어린 사과를 연습시킵니다. "미안해"라고 말하기보다, 자신의 잘못을 말하고 사과한 뒤, 다음에는 어떻게 할 것인지 말하도록 훈육합니다. 만약 피해를 입은 사람이 없다면 사과하기는 건너뛰어도 괜찮습니다.

3단계. 실수에서 회복하기

자신의 실수를 어떻게 해결할지 말합니다. 이 단계에서 해결 방법을 찾기 어려워한다면, 부모와 함께 방법을 찾는 것도 좋습니다. 이때 아이가 스스로 찾을 수 있도록 함께 브레인스토밍을 한 뒤 스스로 선택하도록 도와주어야 합니다. 그리고 선택에는 책임이 따른다는 것을 가르치고, 선택한 해결책을 함께 연습합니다. 마지막으로 스스로 문제를 해결하려고 노력한 아이에게 "**실수해서 힘들었을 텐데 OO가 스스로 해결하려고 노력했구나. 고마워**"라고 격려합니다. 부모의 격려로 실수보다 실수에서 회복하는 것이 더 중요하다는 점을 배우게 됩니다.

실수는 성장의 과정입니다. 사람은 실수를 통해, 하면 안 되는 것과 조심해야 할 것 등을 배웁니다. 그래서 건강이나 안전상 문제가 되지 않는 한 일상적인 실수는 미래에 일어날 큰 문제를 미리 경험하게 한다는 면에서 좋습니다. 그래서 위험하지 않은 일상생활에서 자녀가 실수할 것 같을 때는 미리 돕지 않고 스스로 실수에서 회복하는 경험을 해보도록 놔두는 것도 좋습니다.

친절하고 단호한 부모를 위한 체크리스트 08

"도대체 몇 번을 말해줘야 하는 거야."

부모 입장에서는 어렵지 않고 단순한 일인데, 자녀가 비슷한 실수를 반복한다면 화가 납니다. 그리고 실수에 대해 책망하고 실수에 대한 회복을 부모가 대신해주거나, 아예 그 행동 자체를 하지 못하게 하기도 합니다. 실수에 대한 부모의 이런 부정적 반응은 자녀가 위축되게 하고, 실수에 부정적 관념을 갖게 만듭니다. 실수는 자연스러운 성장의 과정이고, 어떻게 책임지고 회복할지에 대해 이야기를 나누는 것이 자녀의 성장에 더 도움이 됩니다. 그리고 비슷한 상황에서 반복되는 실수가 있다면, 그건 자녀의 문제가 아닐 수도 있습니다. 예를 들어 자주 컵을 넘어뜨려 물을 쏟는다면, 컵의 모양이나 테이블 위치 등 다른 요인이 원인일 수 있습니다. 그래서 실수했을 때 어떤 점이 힘들고, 어떻게 하면 그 실수를 줄일 수 있을지 자녀와 함께 확인하는 과정이 필요합니다.

"실수했구나. 어떻게 해결하면 좋을까?"

- ☐ 부모가 먼저 실수에서 회복하는 방법을 보여주었습니다.
- ☐ 실수에 대해 이야기했습니다.
- ☐ 실수에서 회복한 경험에 대해 이야기했습니다.
- ☐ 실수에서 회복하기 3단계를 실행했습니다.
- ☐ 자녀가 스스로 실수에서 회복할 수 있도록 믿어주었습니다.

느린학습자와 친구

"어머님, 성현이는 외로운 섬 같아요."

담임선생님의 전화를 받고 성현(가명)이의 엄마는 흐르는 눈물을 막을 수 없었다. 초등학생 때까지는 친구도 종종 데려오고 집에서 친구 이야기도 하던 성현이가 중학교에 들어가서는 친구 이야기가 부쩍 줄었다는 것을 알고 있었다. 안 그래도 불안하던 차에 선생님의 이야기를 들으니 억장이 무너지는 것 같았다.

무너지는 마음을 잡고 선생님과 상담을 이어갔다. 모둠 활동 중 조금만 도와줘도 할 수 있는 활동인데, 성현이가 소극적으로 활동하다 보니 친구들과 마찰이 많다고 했다. 초등학생 때도 종종 그런 일이 있었지만, 어렵지 않은 간단한 일을 주면 맡아서 천천히 했다. 그런데 중학교에 진학하고는 학습이 어려워졌는지 모둠 활동에 거의 참여하지 않는다고 했다. 모둠 활동 시간에 소외되어 혼자 있거나, 딴짓하는 경우도 있다고 했다. 선생님이 다가가서 조율해주려고 하지만, 그때만이고 다시 싸우니 점점 더 힘들어지는 것 같다고 말했다.

학교에서 돌아온 성현이에게 요즘 학교에서 어떻게 지내는지 물어봤다. 어릴 때부터 매번 하는 질문이라 그런지 항상 "괜찮아요" 하고 넘어가던 성현이었는데, 오늘 학교에서 있었던 일은 제 딴에도 충격이 컸는지 잠시 머뭇거렸다. "엄마가 선생님께 들었어. 학교에서 친구들이랑 다퉜다고?"라고 물으니 이내 대답했다.

수업을 따라가기가 너무 어렵고, 특히 모둠 활동 중에 자기가 못하는 모습을 보여주는 것이 너무 싫다는 것이다. 처음에는 잘 말해주던 친구들도 자꾸 실수하는 자기를 질책하는 일이 많아졌고, 어느 순간부터 친구들이 자기를 모질게 대하는 것 같다고 말했다. 기분이 안 좋던 와중에 모둠 활동에 왜 참여하지 않느냐고 심하게 말하는 친구에게 화를 냈고, 결국 싸웠다고 말했다. 이번 한 번이 아니었다는 말에 그동안 "왜 말하지 않았어?"라고 성현이를 나무라고 말았다. 일찍 이야기했으면 도와줄 수 있었을 텐데 왜 참고 있었냐고 다그쳤다. 성현이 나름에는 부모님이 걱정할까 봐 말을 안 했을 거라고 짐작하지만, 점점 해줄 수 있는 것이 줄어드는 것 같아 무력감을 느꼈다.

친구 관계가 안 좋아지면서 성현이는 자신감이 줄었다. 종종 동네에서 친구와 놀기도 했는데, 먼저 다가가는 일도 줄었다. 이대로는 영영 친구 관계를 잃을 것 같아, 다시 친구들과 관계 맺는 법을 가르쳐야겠다고 마음먹었다. 친구와의 연결 고리를 만들기 위해, 친구들이 관심 있는 게임을 같이 하면서 친해지는 방법도 고민했다. 다행히 같은 게임을 좋아하는 친구가 있어 종종 약속을 잡고 게임 속에서 만나기도 했다. 그리고 친구의 말에 공감하는 방법, 어제 있었던 일을 말하는 방법 등 관심사를 나눌 수 있는 대화법도 가르쳤다.

친구를 집에 초대해 함께 노는 경험도 해보라고 일부러 초대하기도 했다. 처음에는 성현이와 나 모두 어색했지만, 천천히 친구 관계가 좋아지는 것을 느꼈다. 얼마 전부터는 하랑에서 만난 형, 동생들과 놀면서 밝은 모습을 찾아가는 것을 보고, 아이에게 친구 관계가 얼마나 중요한지 알게 되었다. 그리고 하랑에서 배운 방법을 어설프게나마 사용해 친한 친구들이 생기는 것을 보고 다행이라고 생각했다.

사회성 형성을 위한 대화법

아이는 나이가 들수록 사회적 관계의 폭이 넓어집니다. 그리고 새로운 사람을 만나고, 소통해야 하는 일도 늘어납니다. 그런데 사회적, 정서적 능력이 부족한 느린학습자는 관계의 폭이 넓어질수록 점차 소외되거나 오히려 인간관계의 폭이 좁아지기도 합니다. 친구와 친해지기 어려워하고 갈등이 생겨, 집단에 소속되지 못하는 상황이 벌어지기도 합니다. 집단 내에서 소속감이 부족해진 아이는 소속감을 채우기 위해 잘못된 방법(친구를 놀리거나, 괴롭히는 행동 등 관심을 받기 위한 행동)을 사용하고, 그로 인해 관계가 더 멀어지는 악순환이 생깁니다.

소속감이 부족해진 아이가 집단에서 소외되기 시작하면, 가장 먼저 학교나 친구에 대해 이야기하는 횟수가 줄어듭니다. 장기적으로는 학교 적응에 힘들어하거나 학교에 가기 싫어합니다. 그런데 아이의 인간관계는 부모가 상황을 알더라도 직접 도와주기가 어렵습니다. 친구 관계에서 문제를 겪는 아이에게 부모는 어떤 도움을 줄 수 있을까요?

일반적으로 부모는 친구 관계를 맺는 법을 자연스럽게 배운다고 생각합니다. 본인도 그랬고, 주변 형제자매들도 그래왔다고 생각하기 때문입니다. 하지만 과거와 달리 가족 구성원 수가 많이 줄었고, 동네에서 또래와 놀면서 자연스럽게 관계를 맺는 노하우를 습득하기는 어려운 상황입니다. 그런데도 아이가 친구와 놀기 어려워하는 것을 보고 '그게 뭐 그리 어려워. 그냥 같이 놀면 되지'라며 별일 아니라고 생각합니다. 하지만 부모의 이런 태도는 또래와 소통하는 방법을 배우지 못한 아이의 어려움을 가중합니다. 다른 사람과 소통하고 좋은 관계를 맺는 것은 연습 과정 없이 얻기가 어렵습니다.

예를 들어 부모님이 어릴 적에 형제자매나 친구와 다툰 경험이 있을 것입니다. 그때 어떻게 문제를 해결하였나요? 작은 갈등은 시간이 지나면 해결이 되었겠지만, 큰 갈등은 부모님이나 선생님, 주변 어른의 도움이 필요했습니다. 형제자매와 다투고 토라져 있으면 부모님이 오셔서 자초지종을 물어보고 문제 해결을 도와주었고, 친구와 싸우면 선생님이나 주변 어른이 문제 해결을 도와주었습니다. 다른 사람과 소통하면서 좋은 관계를 맺는 방법은 자연스럽게 배운 것이 아니라 주변의 도움이 있어 가능했습니다. 그래서 외동이거나, 사회적 관계 기술이 부족한 느린학습자에게 소통과 관계 맺기는 가장 어려운 미션일 수 있습니다. 아이의 원활한 인간관계를 위해서는 3단계 대화법을 연습해야 합니다.

첫째, 다른 사람(아이)과 공감으로 연결되는 것을 보여주어, 공감의 중요성을 가르칩니다. 다른 사람과의 갈등은 서로 다른 생각과 경험을 가진 사람이 다름을 서로 인식하지 못함으로써 생깁니다. 그중 말투나 표정, 언어 습관, 행동 양식 등 아이가 스스로 알아차리고 바꾸기 어려운 것들이 많습니다. 이런 생활 양식은 짧은 시간 내 형성된 것이 아니라, 내가 잘못되었음을 알아차렸더라도 바꾸기가 어렵습니다. 그래서 부모가 아이의 문제를 파악해도 아이의 행동을 바꾸기는 정말 어렵습니다. 아이에게 잘못된 점을 직접 말하면 잔소리라고 생각해 다툼이 생기고, 계속 같은 말을 하면 상처를 받아 부모와의 관계도 멀어질 수 있습니다. 그래서 아이의 잘못을 알아차렸을 때는 섣불리 고치려고 하지 말고, 자녀와 연결되려는 노력이 필요합니다. 그래서 "~구나" 법을 활용하여 자녀의 마음에 공감해줘야 합니다.

"그랬구나. 아빠도 그렇게 생각해."

아이의 마음을 그대로 반영해주고, 공감의 말을 하면 감정적으로 부모와 연결되었다고 느낍니다. 그리고 마음속의 말을 꺼낼 수 있는 용기를 얻게 됩니다. 상처받은 아이에게 부모가 해줄 수 있는 가장 큰 연결은 공감입니다. 종종 부모는 아이가 친구와 싸운 이야기를 하는 것을 듣다가, 아이의 잘못을 깨닫게 하려고 대화 속에서 문제점을 찾아 무엇이 잘못되었는지 말하는 경우가 많습니다. 하지만 그때 아이의 잘못을 지적

하면 다시 도돌이표가 되어 아이와 다투게 되면서 문제 해결이 어려워집니다. 그래서 아이가 친구와 있었던 갈등에 대해 이야기하면, 판단하거나 평가하지 말고 먼저 공감해주어야 합니다. 아이가 감정적으로 많이 힘들어한다면 감정이 조절될 때까지 안아주면서 연결한 뒤에 대화하는 것도 좋은 방법입니다.

이런 대화가 조금 더 익숙해진다면 아이의 말을 그대로 반영해주는 것도 좋은 방법입니다. 아이가 "오늘 친구랑 놀려고 했는데, 친구들이 안 놀아줬어요"라고 말한다면 "~구나" 법을 사용해 "오늘 친구들이 안 놀아줘서 슬펐구나. 아빠라도 그랬을 것 같아"라고 말합니다. 아이가 감정을 이야기한다면 그대로 반영하고, 감정을 말하지 않는다면 물어보거나 부모가 느끼는 감정을 말해줘도 됩니다. 이때 주의할 점은 부모가 느끼는 감정과 아이의 감정이 같지 않을 수 있다는 점입니다. 부모는 아이의 말을 듣고 슬플 것 같아서 "슬펐구나"라고 말했는데, 아이가 "아니요. 저는 슬프지 않았어요"라고 말할 수도 있습니다.

이럴 때 부모는 당황하지 말고 다시 "그렇구나"라고 말하며 아이의 감정에 공감해주면 됩니다. 부모가 아이의 감정에 맞춘다는 개념이 아니라 공감의 개념이므로, 부모가 공감한 감정과 다른 감정을 말해도 문제없습니다. 자신의 감정을 공감받은 아이는 부모와 대화할 마음이 생깁니다.

둘째, 공감으로 아이와 연결되었다면 문제가 무엇인지 파악합니다. 어른도 쉽게 하기 어려운 것이 갈등 상황에서 문제를 파악하는 것이므로, 다음과 같이 질문하여 아이가 당시 상황을 천천히 설명하도록 해야 합니다. 그리고 아이가 갈등 상황에 대해 자기중심적으로 이야기할 수 있음을 이해하고, 판단하거나 평가하지 않고 천천히 상황을 설명할 수 있도록 도와주어야 합니다.

"그때 그런 일이 있었구나. 그래서? 다음에는?"

질문을 통해 상황을 파악해 문제를 찾았다면 아이가 당시 일을 객관적으로 파악하여 말과 행동을 돌아볼 수 있습니다. 부모도 상황을 파악하면서 아이에게 부족한 면과 주된 갈등이 무엇인지 간접적으로 알 수 있습니다. 하지만 아이와 대화하다 보면 부모의 경험상 동의하기 어려울 수도 있습니다. 그래서 마음속에서는 '그게 아닌데'라고 생각하더라도 참고, 아이가 당시 상황을 돌아볼 수 있도록 질문으로 대화를 이어줘야 합니다.

공감은 경험을 기반으로 하므로 아이와 같은 경험을 하지 못한 부모로서는 공감이 안 될 수 있습니다. 하지만 공감은 동의와 다릅니다. 공감한다고 해서 아이의 잘못된 말과 행동이 맞는다고 인정하는 것이 아닙니다. 감정 자체에 공감한다는 생각으로 대화하면 됩니다.

셋째, 공감으로 연결이 되었고, 문제도 파악했다면, 다음으로 이 책의 74쪽에서 안내한 '어떻게' 대화법을 사용합니다.

"친구들과 잘 지내려면 어떻게 해야 할까?"

공감에 이은 '어떻게' 질문으로 친구 관계를 좋게 하는 방법을 아이와 고민한다면 더 좋은 결과를 얻을 수 있습니다. 해결 방법을 찾을 때는 가족회의처럼 해결책을 같이 적고, 3R1H 원칙에 따라 현실적이지 않거나, 문제와 관련이 없거나, 상대방을 존중하지 않거나, 도움이 되지 않는 해결책을 제외합니다. 만약 아이가 해결 방법을 찾기 어려워한다면 부모가 선택지를 제공한 뒤, 선택하게 해보는 것도 좋습니다. 이때는 부모가 해결책을 제시한다고 느끼지 않도록 아이가 스스로 선택하도록 도와줍니다. 아이가 선택할 것이 없다고 하면, 다시 문제 해결 방법을 함께 고민합니다.

문제 해결에서 제일 중요한 것은 해결 방법을 선택하는 것이 아니라, 문제 해결책을 찾는 과정과 그 선택을 신뢰하고 실천하는 것입니다. 문제는 한 번에 해결되는 일이 드뭅니다. 해결 방법을 찾고 실천하는 과정에서 자연스럽게 해결되는 경우가 많습니다.

아이가 친구 관계에서 갈등이 생겼다면, 해결해주기보다 아이가 그 문제를 해결할 시기가 되었다고 생각해야 합니다. 아이의 문제를 아이의 과제로 인정하고, 아이가 문제 해결의 주체임을 존중해야 합니다. 그래서 문제 해결 과정에서 선택권을 아이에게 주고, 선택한 것에 책임을 질 수 있도록 도와주어야 합니다.

평소 해보지 못한 말이나 행동을 갑자기 하기는 매우 어렵습니다. 그러니 선택한 해결책을 바로 실행하기보다 부모와 역할극을 통해 상황을 연습하는 과정도 필요합니다. 예를 들어 문제 상황이 친구와 같이 놀려고 했는데 같이 놀아주지 않아 다툰 상황이고, 해결책이 친구와 놀기 위해 "나도 같이 놀아도 돼?"라고 물어보는 것으로 결정됐다고 해봅시다. 그러면 아이가 먼저 친구 역할을 하고, 부모가 아이 역할을 하여 아이가 할 말을 부모가 어떻게 하는지 보여줍니다. 그리고 역할을 바꾸어 부모가 친구 역할을 하고, 아이가 "나도 같이 놀아도 돼?"라고 말하는 연습을 합니다. 또한, 한 번 연습했다고 해결책을 바로 사용하기는 쉽지 않으므로, 집에서 형제자매나 부모와 자주 연습하여 비슷한 상황에서 바로 말과 행동이 나올 수 있도록 연습합니다.

해결책을 찾고 연습도 했다면 이제 남은 것은 참을성을 갖고 2주 이상 실천해보는 것입니다. 말과 행동 하나 바꾸었다고 문제가 바로 해결되지는 않습니다. 실제로 해결책을 사용한 뒤에 상황이 어떻게 달라졌는지, 어떻게 대화했는지 부모와 다시 한번 되짚어봐야 합니다. 그래야 대화법의 변화로 인한 차이를 이해하고, 어떻게 하면 더 좋은 친구 관계를 맺을 수 있을지 배울 수 있습니다.

2주 이상 실천해도 변화가 없거나 문제가 해결되지 않으면 다른 해결책을 고민합니다. 그리고 다시 실천하면서 가장 효과적인 방법을 찾습니다. 아이는 해결책을 찾고 실천하는 과정에서 문제해결력을 배웁니다. 그 과정에서 아이를 믿고 스스로 할 수 있다고 격려하고, 문제 해결을 돕는 것이 부모의 역할입니다. 부모의 격려는 아이가 문제 해결에 실패해도 이겨내고 다시 일어서는 회복탄력성을 만들어줍니다. 진정한 실패는 실패했다고 생각하는 것이 아니라, 나는 못한다고 생각하는 것입니다. 그래서 아이가 스스로 할 수 있다고 믿고 격려하면서 함께 해결책을 고민하는 것이 아이의 성장을 위해 부모가 도울 일입니다.

"그렇구나. 아빠도 그렇게 생각해."

"그때 그런 일이 있었구나. 그래서? 다음에는?"

"친구들과 잘 지내려면 어떻게 해야 할까?"

친절하고 단호한 부모를 위한 체크리스트 09

친구도 만들어줘야 한다는 기사가 나올 정도로 최근에는 자녀가 친구를 만든다는 것 자체가 쉬운 일이 아닙니다. 과거에는 형제자매가 많은 편이었고, 하교 후 또래와 놀 기회가 많다 보니 자연스럽게 사회성이 길러지고는 했습니다. 그러나 시대의 변화로 또래와 만날 기회가 줄어 사회성조차 부모가 길러줘야 하는 상황이 되었습니다.

친구와 대화하는 방법, 사과하는 방법, 감사하는 방법, 같이 노는 방법까지 알려줘야 한다니, 의문이 들지만 가르칠 것이 늘고 있다는 것은 사실입니다. 또한 또래와의 갈등 해결 경험이 부족한 경우가 많아 갈등이 생겼을 때 해결이 어렵습니다. 자녀의 사회생활(또래 친구 관계)을 대신해 줄 수 없는 부모로서 매우 답답합니다. 이때 부모의 역할은 자녀가 받은 상처를 회복시켜주고, 다음에 비슷한 상황이 생겼을 때 어떻게 반응해야 슬기롭게 갈등을 해결할 수 있을지 알려주는 것입니다. 친구와 갈등이 생겨 슬픈 자녀에게 다음과 같이 질문해보세요.

"오늘 친구와 싸워서 힘들었구나? 어떻게 하면 그 친구와 잘 지낼 수 있을까?"

- ☐ 자녀의 행동을 고치기 전에 공감했습니다.
- ☐ 자녀와 대화를 통해 문제를 파악했습니다.
- ☐ '어떻게' 질문법을 활용하여 자녀가 스스로 문제를 해결하도록 도왔습니다.
- ☐ 해결책을 2주 이상 실천했습니다.
- ☐ 효과적이지 않은 해결책을 같이 수정했습니다.

느린학습자의 진로와 진학

○○●●

"엄마 나는 어떤 일을 해야 해?"

어느 날 규진(가명)이가 엄마에게 가만히 물었다. 곧 고등학교를 졸업할 때가 되니 걱정이 되었던 것 같았다. 규진이는 유치원 이후로 성적이 항상 하위권이었기 때문에 진학에 어려움이 있었다. 그래서 고등학교 졸업을 목표로 특성화고등학교에 진학했다. 기술이라도 배우면 '나중에 써먹을 수 있지 않을까?'라는 작은 기대로 보냈지만, 현실은 녹록지 않았다. 단순 반복적인 기술을 배워 자격증은 딸 수 있었지만, 곧 졸업하는 규진이에게 취직할 곳은 많지 않았다. 몇 군데 추천을 받아 면접을 봤지만, 자신감이 없는 모습에 취업은 쉽지 않았다. 그마저도 갈 수 있는 곳들은 단기간 취업 프로그램일 뿐 정식으로 취업시켜주는 곳을 찾기는 너무 힘들었다.

느린학습자에게 진학과 진로는 먼 나라 이야기다. 당장 중학교부터 기초 과정이 어려워지고, 성적이 좋지 못하다 보니 인문계 고등학교는 너무나 높은 벽이었다. 학교에서 제공해주는 진로 정보는 제한적이었고 규진이에게는 해당이 안 되는 경우가 많았다. 선생님과 상의하여 특성화고등학교로 진학했지만, 이곳도 정답은 아니었다. 단순 기술은 반복으로 습득할 수 있었지만, 장기적인 직업 활동을 위해 가장 필요한 정서적 지원은 기대할 수 없었다.

사회에 나가 적응하기 위해서는 다른 사람과 대화하고, 소통하고, 공감하는 사회성이 필요한데, 교육과정 내에서 사회성을 배울 기회는 너무 제한적이었다. 특히 학습이나 취업 등 기술적 면이 강조된 고등학교에서 규진이는 더 소외된다고 느꼈다. 친구나 선생님들과 관계를 맺는 방법이 서툴러 집단에 소속되는 것 자체가 힘들었다. 심지어 장애 판정이 나오지 않아 곧 군대도 가야 하니 이 또한 큰 시련이다. 학교보다 더 다양한 사람을 만나고 같은 공간에서 함께하며 엄격한 규칙이 강조되는 군대에 규진이가 적응할지 상상도 하기 힘들었다.

취업과 군입대 등 현실적인 사회 진출은 규진이에게 너무 큰 변화였다. 그래서 규진이 엄마는 규진이가 다른 사람과의 소통과 타인과 관계를 맺는 법을 연습하는 것이 장기적으로 필요하다고 생각했다. 특히 규진이가 가장 힘들어하는 다른 사람과 이야기하고 공감하는 상황을 연습하기 위해, 규진이와 주말마다 봉사활동을 하기로 했다. 간접적으로 사회 경험을 하고, 다른 사람을 돕는 과정에서 사회성을 배울 수 있으리라고 믿었다. 어려운 사람을 돕는다는 개념보다는 다른 사람과 함께하는 것에 더 집중했다.

하지만 봉사활동을 하면서 상처도 많이 받았다. 말투가 어눌하고 소통이 서툰 규진이를 무시하는 일도 있었다. 그래서 돌발 상황에 어떻게 대응할지 고민하고, 반응법을 담은 체크리스트도 만들었다. 하지만 막상 상황이 닥치면 연습했던 말보다 행동이나 감정적 표현이 먼저 나와서 관계가 오히려 나빠지곤 했다. 집에 와서 울기도 하고, 투정을 부리는 일도 종종 있었다. 그럼에도 불구하고 봉사활동은 규진이에게 많은 변화를 줬다. 자신도 누군가에게 도움을 줄 수 있고, 함께할 수 있다는 것이 큰 도움이 되었기 때문이다. 결국 규진이에게 필요한 것은 기술보다 다른 사람과 어울리고 함께 살아갈 수 있는 자신감이었다.

과제 분리

아이는 자랄수록 자기 의지가 강해집니다. 어릴 때야 부모님의 말씀을 곧잘 따르지만, 중학생이 되면 의견이 강해지고 말을 듣지 않는 일도 늘어납니다. 부모는 예전 기억을 하며 아이가 변했다고 생각하지만, 어리다 보니 아이의 의지보다 부모의 요구가 앞섰을 뿐이었습니다. 자라면서 자기 의지가 강해지는 것은 자연스러운 성장 과정입니다. 오히려 어느 정도 나이가 되었음에도 의지 표현이 과도하게 부족하거나, 의지를 관철해보려고 하지 않는다면 민주시민으로서 사회 속에서 살기가 힘들어질 수 있습니다.

어린 시절에 건강하게 의사를 표현하는 방법을 배우지 못하면 어른이 되어 주위 사람과 갈등을 겪기 때문입니다. 그래서 아이의 의견이 강해진다는 것은 더 이상 부모의 훈육 방법이 통하지 않는다는 것과 함께 민주시민으로서 역량을 키워나가는 과정이라고 생각해야 합니다. 그렇다면 부모 마음대로 되지 않는 아이, 어떻게 훈육해야 할까요?

아이가 부모의 소유물이 아니라는 대명제를 기억해야 합니다. 아이는 부모와 분리된 존재이며, 각자 삶의 과제를 갖고 있으므로 서로의 과제를 존중해야 합니다. 최근에는 어느 정도 나아졌다고 하지만, 한국은 전통적으로 다른 나라보다 아이를 부모의 소유물로 인식하는 경향이 강했습니다. 그리고 유교의 부정적인 측면인 체면 문화로 인해 아이의 성공(학벌, 직업 등)이 부모로서 성공했는지 결정하는 기준으로 여겨지기도 했습니다. 즉 긍정적으로 보면 부모와 아이의 관계가 밀접하다고 볼 수 있지만, 반대로 그만큼 부모와 아이의 과제가 분리되지 못한 경우가 많았습니다.

그래서 아이가 공부를 못하면 부모의 탓이라고 생각하거나, 친구 관계에 문제가 생기면 부모가 과도하게 도와주려는 경향이 생길 수밖에 없었습니다. 이는 아이가 실패하는 과정에서 터득하는 사회적 기술과 회복탄력성을 갖추기 어렵게 해 장기적으로 온전한 자립을 방해했습니다. 성인이 되어 몸은 독립했어도 정신은 독립하지 못하거나, 과도하게 부모에게 의지하게 만들어 갈등을 혼자 해결하지 못하는 일도 생겼습니다. 그래서 부모와 아이의 과제를 분리하고 존중하여, 아이 스스로 해결할 수 있는 문제해결력을 기르도록 도와주어야 합니다.

과제 분리란 나와 다른 사람의 과제를 구분하고, 서로의 과제를 존중하는 것을 말합니다. 부모와 아이 사이를 예로 든다면, 아이가 옷을 아무 곳에나 벗어두는 문제는 누구의 과제일까요? 이 행동은 아이의 과제입니다. 그런데 부모는 '아이가 아직 어리니까, 잘 못 하니까'라고 생각해 대신해줍니다. 그러면 장기적으로 아이의 성장은 일어나지 않습니다. 서툴더라도 아이가 할 수 있도록 천천히 도우면서 성장할 수 있도록 지원해줘야 합니다. 과제 분리를 할 때는 과제 분리와 방임을 꼭 구분해야 합니다. 아이가 옷을 아무 곳에 벗어두었을 때, 과제 분리란 집 안에 옷을 벗어두는 곳을 정확하게 알려주고, 어떻게 넣어야 할지, 정해진 공간에 두면 어떤 점이 좋을지 같이 의논한 뒤에 연습으로 차츰 습관이 되도록 돕는 것입니다. 그런데 어떤 부모는 과제를 분리한다는 생각으로 장소만 알려주고 연습 없이 방임합니다. 그리고 부모가 원하는 대로 하지 못하면 "내 그럴 줄 알았다"라고 말하며 핀잔을 줍니다.

대다수 아이는 부모가 방임해도 스스로 과제를 수행하겠지만, 느린학습자나 과제 수행 능력이 부족한 아이는 그러지 못합니다. 결과적으로 불안감과 실패감으로 인해 과제를 회피하게 만드는 결과를 불러오기도 합니다. 과제 분리라는 이름으로 실패를 통한 성장이 아닌, 방임으로 인해 실패감을 느끼고 문제에서 회피하는 것을 가르칠 수도 있습니다.

온전한 과제 분리를 위한 첫걸음은 배움의 4단계입니다. 배움의 4단계에서 핵심은 처음부터 잘하는 사람은 없고 모방과 연습을 통해 배우는 것이 효과적이라는 것입니다. 아이가 수행해야 할 과제가 결정되면, 먼저 과제가 무엇인지 파악할 수 있도록 부모가 **시범**을 보입니다(1단계). 그리고 부모가 주도권을 갖고 아이를 과제에 참여시켜

함께 과제를 수행합니다(2단계). 3단계부터는 과제의 주도권이 아이에게 넘어갑니다. 부모는 주도적인 상황을 벗어나 과제를 수행하는 아이를 지켜보며 **돕습니다**(3단계). 마지막으로 어느 정도 능숙해진 아이를 지켜보며 **지지**해줍니다(4단계). 아이의 (자신의 과제를 스스로 수행하는) 자립을 원한다면 천천히 아이와 과제를 공유하고, 스스로 할 수 있는 기회를 제공해야 합니다.

1단계: 관찰의 단계

관찰의 단계는 배움의 4단계에서 첫 단계입니다. 이 단계에서는 아이가 아직 잘하지 못하거나 처음 해보는 과제를 수행해야 하므로 부모의 역할이 중요합니다. 아이에게 과제 수행 과정을 보여줄 때, 평소 하는 것처럼 능숙하게 하는 것보다 누군가를 가르친다는 느낌으로 천천히 보여주는 것이 좋습니다. 예를 들어 빨래를 놓아야 할 곳을 알려주고, 어떻게 넣어야 할지를 자세하게 보여주는 것입니다. 그리고 수행 과정을 단계별로 나누어 각 단계 수행 방법과 주의사항을 설명하여 돌발 상황에도 대비할 수 있도록 해줍니다.

2단계: 모방의 단계

모방의 단계는 1단계의 수행 과정을 익힌 아이가 부모의 도움을 받으며, 과제를 수행하는 과정입니다. 관찰 단계와 달리 부모의 수행 과정을 도우면서 과제 수행에 직접 참여하기에 아이의 참여가 더 많아집니다. 예를 들어 부모의 도움을 받으며 각자의 빨래를 들고 1단계에서 배운 대로 함께 수행하는 것입니다. 2단계까지는 부모가 조금 더 주도하는 단계이므로, 아이와 함께 과제를 수행한다고 생각하면 더 효과적입니다.

3단계: 도전의 단계

도전의 단계부터는 과제의 주도성이 아이에게로 갑니다. 이제부터는 부모의 과제가 아닌 아이의 과제가 되며, 부모는 조력자라고 생각해야 합니다. 스스로 수행할 수 있도록 돕고 어려움이 있으면 도와주는 단계입니다. 2단계와 달리 부모가 함께 수행하지 않고, 아이가 과제를 스스로 하는 과정에서 어려움을 겪거나 과제를 수행하지 않을 때 조언하는 정도의 역할을 합니다. 그래서 3단계부터는 아이의 과제를 존중하는 부모의 마음가짐이 필요합니다. 1, 2단계에서는 부모 주도로 과제를 수행하며 부모와 함께한다는 생각으로 잘 따라주었겠지만, 3단계부터는 함께하지 않다 보니 아이가 과제 수행에 소극적일 수 있습니다. 그럴수록 과제를 분리하면서 질문으로 자기 과제를 인식하게 하고 수행할 수 있도록 도와야 합니다. 답답하다고 부모가 대신해주면 자립심을 해칠 수 있습니다.

4단계: 자립의 단계

자립의 단계부터 부모는 아이가 스스로 과제를 수행할 수 있도록 지지하고 믿어주는 역할을 합니다. 예를 들어 빨래를 정해진 자리에 넣지 못했을 때, 아이의 과제를 일깨워주고 스스로 할 수 있음을 안내합니다. 아이가 과제를 수행하지 않거나 실패하더라도 대신해주지 않고 방법을 다시 안내하는 정도로 그쳐야 합니다. 그리고 자립의 단계부터는 부모를 따라 하는 것을 넘어 효과적인 수행 방법을 터득하는 것도 가능합니다. 더 효과적이거나 새로운 방법을 터득할 수 있도록, 과제 수행을 어떻게 하면 더 잘할 수 있을지 함께 이야기해보면 좋습니다.

배움의 4단계

단계	부모의 역할	아이의 역할
관찰의 단계(1단계)	과제를 수행하는 방법을 보여주기	부모의 모습을 관찰하기
모방의 단계(2단계)	과제를 수행하면서 아이와 함께하기	부모의 모습을 보고 따라 하기
도전의 단계(3단계)	아이의 과제 수행을 보며 돕기	부모의 도움을 바탕으로 혼자 해보기
자립의 단계(4단계)	아이의 과제 수행을 보며 지지하기	도움 없이 혼자 해보기

과제 분리를 위한 두 번째 단계는 아이의 과제 수행 능력이 부족하거나 실수한다면, 지금 그것을 가르쳐야 할 때라고 생각하는 것입니다. 앞서 설명한 것과 같이 실수에서 회복하는 과정은 실패를 이겨내기 위한 용기를 줍니다. 그래서 "너는 아직 어려" "너는 잘하지 못하니 아빠가 할게"라고 반응하지 말고, 실제로 아이에게 가르치고 싶은 것이 무엇인지 생각해야 합니다. 빨래를 정해진 곳에 두지 않는다면, 그것을 가르칠 타이밍이 된 것입니다. 그래서 아이에게 못한다고 말하기보다, 다음과 같이 말하면서 방법을 안내하고 천천히 함께하는 것이 효과적입니다.

"처음부터 잘하는 사람은 없단다. 아빠랑 같이해볼까?"

아이가 삶에 주어진 과제(집안일, 학교 과제 등)를 자기 과제로 인식하도록 하기 위해서는 쉬운 일부터 아이와 함께하려는 노력이 필요합니다. 나아가 어떻게 하면 그 과제를 더 쉽게, 더 잘할 수 있을지 이야기합니다. 그 과정에서 잘못하고 실수하면, 부모의 격려와 지지로 자존감을 높이고 장기적으로 자립할 수 있도록 도와줍니다. 이렇게 노력했음에도 불구하고 아이가 중요한 과제도 자기 과제라고 생각하지 않는다면, 다음 활동을 추천합니다.

1. 자기 과제로 인식하지 않는다면, 그 문제에 대해 아이와 진지하게 이야기합니다. 주어진 과제를 자기 과제로 인식하지 않는 것을 문제로 인식해야 해결의 첫 단계를 시작할 수 있습니다.

2. 아이의 주도성을 위해 "지금 네 옷이 아직 바닥에 있는데 어떻게 해야 할까?"처럼 '어떻게'를 넣어서 질문합니다. '어떻게'로 질문을 시작하면 아이가 대답하기 편해집니다. 아이가 해결책(스스로 빨래를 빨래 바구니에 넣는 방법)을 말했다면 부모와 함께 실행합니다.

3. 아이가 스스로 해결책을 찾지 못한다면, 부모가 **제한된 선택지**를 주는 것도 방법입니다. 제한된 선택지란 부모가 받아들일 수 있는 선택지를 몇 가지 제시하고, 그 선택지 안에서 아이가 선택하는 것입니다. 제한된 선택지를 활용할 때 가장 주의해야 할 점은 부모가 제시한 모든 선택지는 부모가 수용할 수 있는 것이어야 하며, 선택지가 강요라고 느껴지지 않도록 합리적이어야 한다는 점입니다. 나아가 3R1H 원칙에 따라 제안하는 것도 매우 좋습니다.

4. 제한된 선택지를 주었을 때, 가장 걱정되는 일은 아이가 아무것도 선택하지 않는 것입니다. 그렇다면 "이 문제는 내일까지 어떻게 해결하면 좋을지 같이 생각해보자"라고 말하고, 시간을 두고 고민해볼 수 있습니다. 시간이 지나면 감정이 조절되어 이성적 사고가 가능해져 평온한 대화가 가능합니다. 그러면 대화로 더 좋은 해결책(부모의 제한된 선택지 포함)을 생각할 수 있습니다.

5. 시간이 지나고도 아이가 해결책을 찾지 못하거나 제한된 선택지에서 선택하지 않을 수 있습니다. 그런 때는 부모의 말을 따라야 한다는 점을 안내해야 합니다. 그리고 부모가 생각하는 해결책을 말하고 관철합니다.

6. (해결책을 아이가 선택했든, 부모가 제시했든) 일관성을 유지해야 합니다. 해결책을 지키지 않는다면 화를 내지 않고 부드럽게 약속을 상기시킵니다. 마지막으로 가장 중요한 부분인데, 부모도 해결책을 함께 지켜야 한다는 점을 명심해야 합니다.

사실 모든 문제를 위 단계를 통해 해결한다면 효과적이지 않습니다. 생각보다 많은 문제가 부모의 말 몇 마디에 쉽게 해결되거나, 시간이 흘러 자연스럽게 해결됩니다. 예를 들어 식사 시간에 흘린 음식물을 처리하지 않는 문제처럼, 아이가 나이가 들면서 그런 일은 줄고 자연스럽게 해결됩니다. 그래서 위 문제 해결 단계는 쉽게 해결되지 않는 문제나 오랜 기간 갈등을 겪는 상황일 때 사용하면 좋습니다.

위 문제 해결 단계로는 빠르게 해결되지 못하다 보니, 답답해 보이거나 오히려 문제를 키운다는 생각이 들 수도 있습니다.

하지만 문제를 해결하지 않고 넘어간다면 더 큰 문제가 되고, 어떻게든 될 거라는 생각으로 대강 해결해버린 문제는 계속 부모를 괴롭힙니다. 그래서 쉽게 해결되지 않겠다는 생각이 드는 문제라면 위 단계를 통해 천천히 해결하는 것이 좋습니다. 과제 분리에서 마지막으로 기억해야 할 것은 부모의 지시만으로 문제를 해결해온 아이는 결국 문제 해결력을 얻지 못한다는 점입니다. 아이의 문제는 스스로 해결할 때 장기적으로 효과를 보입니다.

친절하고 단호한 부모를 위한 체크리스트 10

"왜 이런 것도 못 해. 저리 비켜."

자녀가 집안일(자녀의 과제)을 잘하지 못하는 모습이 답답해 그만하라고 말하고 대신 해준 적이 있으신가요? 처음부터 잘하는 사람은 없습니다. 많은 부모가 자신 또한 부모의 과제 수행 과정을 보고 배웠음을 기억하지 못합니다. 단지 현재의 답답함을 해소하기 위해 자녀를 다그치거나, 과제 수행 기회를 박탈합니다. 처음 자전거를 배웠을 때를 기억해본다면 알 수 있습니다. 한 번에 탈 수 있었나요? 처음에는 비틀비틀거리면서 부모에게 손을 놓지 말라고 말했지만, 어느 순간 자전거를 익숙하게 탈 수 있었을 것입니다. 자녀의 과제 수행 과정 역시 자전거를 처음 타던 순간처럼 위태로워 보이고 답답해 보일 수 있습니다. 그런 때일수록 부모가 믿고 지지하고 있음을 알리고, 작은 단계부터 천천히 함께 수행해야 합니다.

그 과정에서 경험한 성취감은 자녀의 성장에 엄청난 밑거름이 됩니다. 그리고 쓰러졌을 때 다시 일어나는 회복탄력성도 함께 얻을 수 있습니다. 자녀가 주어진 과제(공부, 집안일 등)를 온전히 자신의 과제로 인식하게 하고 싶다면, 아기가 걸음마를 배우듯 부모와 함께 작은 단계로 과제를 나누어 배워야 합니다. 사람은 기분이 좋을 때 더 잘하며, 수행 과정에서 성취감을 느끼면 더 잘하게 됩니다.

"걱정 마. 아빠랑 같이해보자."

- ☐ 자녀의 과제와 나의 과제를 분리했습니다.
- ☐ 자녀가 스스로 할 수 있도록 도와주었습니다.
- ☐ 자녀와 함께 과제를 수행했습니다.
- ☐ 자녀가 스스로 과제를 인식하도록 질문했습니다.
- ☐ 배움의 4단계를 해봤습니다.

CHAPTER 4.

부모 자조 모임의 의미

느린학습자의 양육자는 불안이 높고 아이에 대한 올바른 이해와 경험이 부족한데, 자조 모임이 양육자에게 **정서적 울타리**가 되어줍니다. 혼자가 아닌 소통을 통해 '나만 힘들었던 것이 아니었구나!' 내 아이와 유사한 상황을 보며 '나처럼 힘든 부모들이 있었구나!' 하는 공감대가 형성되어 정서적 지원체계가 만들어집니다. 정보만 나누는 것이 아니라, 양육자로서 느끼는 어려움을 공유하니 큰 위안이 됩니다. 같은 고민을 가진 사람끼리 정서적 교감을 하면서, 부모 자신도 돌보며 아이 양육 방법을 배우고 싶은 욕구도 함께 충족되기 때문입니다.

자조 모임은 공동 양육 형태의 모습을 지닙니다. 양육자의 정서 충족, 양육 정보공유, 관계 문제 형성 기반, 교육적 부분에서는 특성을 고려한 맞춤형 교육이 자조 모임을 통해 충족되고 있습니다. 그래서 느린학습자 양육자에게는 꼭 필요한 곳이 되고 있습니다.

자조 모임에서는 각양각색의 다양함을 품고 어우러져야 하는 양육자의 자세를 교육합니다. 아이의 관계 문제, 진로, 청년의 삶에 대한 고민 등을 공동체의 의제로 삼아 끊임없이 소통합니다. 더불어 부모 자신의 필요를 충족하거나 이용하는 차원을 넘어 '같은 필요'의 욕구를 채우기 위한 또는 공동체를 유지 발전하기 위한 자세와 태도를 갖추고 변화하고 성장하는 곳입니다.

느린학습자 아이들이 학원이나 치료센터를 다니기는 하겠지만, 특수한 경우이니 일반 아동과 비교할 수 없습니다. 그래서 자조 모임은 다른 아이의 모습을 배우고 확장할 수 있는 곳으로 발전하고 성장시킬 수 있는 모임입니다. 누구나 처음 모임에 오면 **'내 아이만'** 생각하는 경우가 많지만, 자조 모임을 통해 **'우리의'** 아이를 생각하게 됩니다. 자조 모임에 참여하면 당면한 문제들을 사회적으로 해결해야 함을 스스로 터득하게 됩니다. 처음 모임에 오면 자신의 어려움을 공유하거나 아이에게 친구를 만들어주고 싶은 욕구를 가지지만, 시간이 지나면서 우리의 아이들로 품게 됩니다. 모임에서 성장해갔던 느린학습자 아이들은 함께했던 친구, 형, 동생에 대해 궁금해하고 소중하게 생각하게 됩니다.

이전에는 하고 싶어도 할 수 없었던 함께하는 운동과 캠핑 등 소중한 인생 경험을 하게 됩니다. 그래서 자조 모임은 양육자에게만 소중한 공간이 아닌, 아이에게도 소중한 추억이 됩니다. 양육자의 정서 지원체계이며, 느린학습자 아이들에게도 든든한 정서적 울타리가 됩니다.

이처럼 느린학습자 자조 모임은 내적으로는 고립감을 해소하고 마음의 창을 열며 소통할 수 있는 창구이며, 자립의 의지와 우울감을 해소하는 공간입니다. 외적으로도 자조 모임에서 파생된 임의단체, 사회적협동조합, 전국부모연대조직 등과 함께 청년 자립에 대한 연구가 수행되는 등 확장과 성장이 거듭되고 있어 밝은 미래가 보입니다.

- 사회적협동조합 함께하랑 이사장 신순옥

표정과 말투의 중요성

첫 만남이 중요하다는 노래 가사처럼, 관계에서 첫인상이 70% 이상을 결정한다는 연구 결과가 있습니다. 첫인상은 3초 안에 결정된다고 하는데, 사람의 외모나 표정 등 외부적인 요소들이 관계에 많은 영향을 미친다는 것입니다. 처음 만난 사람의 표정이 밝으면 어떻게 느껴지시나요? 그 사람과 더 친해질 수 있겠다는 생각이 들 수 있습니다. 이렇듯 중요한 비언어적 표현에 대한 연구 결과로서 메러비안 법칙이 만들어졌습니다.

미국 UCLA대학 명예교수인 심리학자 앨버트 메러비안(Albert Mehrabian)은 1981년 《침묵의 메시지(Silent Messages)》에 그 연구 내용을 소개했습니다. 메러비안 박사는 두 가지 실험을 했는데, 먼저 상대방에게 메시지를 전달할 때 말의 의미와 음색의 중요성을 연구했습니다. 그 결과 말의 의미보다 음색이 메시지를 전달할 때 더 중요하다는 결과가 나왔습니다. 예를 들어 기쁜 메시지도 우울하거나 낮은 목소리로 전달하면 기쁜 의미로 받아들이지 않습니다.

두 번째로 음색과 비언어적 표현(표정, 제스처 등)의 중요성을 연구했습니다. 그 결과 음색보다 비언어적 표현이 의미 전달에 더 많은 영향을 미쳤습니다. 예를 들어 대화할 때 자꾸 눈을 피하면 상대방이 불안해하고 대화가 어려워졌습니다. 메러비안 박사는 두 연구 결과를 바탕으로 의미 전달에서 비언어적 표현인 **시각적 요소**가 55%로 가장 큰 영향을 미치고, 음색이나 어조 같은 **청각적 요소**가 38%, 전달하는 말 자체는 겨우 7%만 영향을 미친다고 말했습니다.

즉 의사소통에서 중요한 것은 표정 같은 외형적 요소와 목소리나 말투 같은 음성적 요소이지, 말의 내용은 크게 중요하지 않다는 것입니다. 예를 들어 지인에게 지난 주말에 있었던 재미난 일에 대해 말한다고 해보겠습니다. 그런데 지인은 피곤한 표정과 귀찮은 말투로 반응하고 있습니다. 그렇다면 지난 주말에 있었던 일을 끝까지 설명하는 것이 가능할까요? 아주 어려워질 것입니다. 반대로 별것 아닌 이야기에도 지인이 밝은 표정과 적극적인 말투로 반응하면, 신나서 이야기할 수 있습니다. 이렇듯 사람과의 대화에서 시각적 요소(표정, 제스처 등)와 청각적 요소(음색, 어조 등)는 관계에 매우 큰 영향을 미칩니다.

가정에서 일어날 수 있는 한 가지 상황을 상상해보겠습니다. 오늘 아이가 학교에서 친구와 싸워 힘들었다고 말하고 있습니다. 아이의 말을 처음 들을 때는 얼마나 힘들었을지 공감도 되고, 연민을 갖고 부드러운 표정과 말투로 반응합니다. 하지만 도통 진정되지 않는 아이의 투정에 부모가 지쳐 결국 표정과 말투가 거칠어집니다. 그리고 아이는 그 표정과 말투를 읽고 이내 실망한 듯 방으로 돌아갑니다.

그리고 이런 상황도 있습니다. 아이가 밥을 먹고 식기를 치우지 않았습니다. 처음에는 "치워야지?" 하고 부드러운 표정과 말투로 질문합니다. 하지만 부모의 말을 귓등으로 듣는 아이의 반응에 결국 험한 얼굴과 목소리로 화를 냅니다. 아이는 "알겠다고!" 하고 소리를 지르며 방에 들어갑니다.

아이가 힘들 때나 도움이 필요할 때, 아니면 문제 해결을 위한 대화가 필요할 때 부모의 표정과 말투는 어땠나요? 걱정되는 표정이었나요? 무표정이었나요? 부드러운 말투였나요? 귀찮은 말투였나요? 아이는 자기 삶에서 중요한 존재인 부모의 표정과 말투에서 많은 영향을 받습니다. 그래서 부모가 안 좋은 표정과 말투로 대화한다면 아이는 부모와 연결되기를 거부하고 대화를 멈출 수 있습니다. 아이를 훈육하거나 문제를 해결하려고 할 때는 화를 내는 것이 아닌, 단호한 표정과 말투로 훈육해야 효과적입니다. 아이가 슬퍼하거나, 위로가 필요해 보일 때는 친절한 표정과 말투로 감정을 받아주면 좋습니다. 부모의 말투와 표정이 미치는 영향이 매우 크다는 것을 알아야 합니다.

우리는 여러 가지 방법으로 표정과 말투가 중요하다는 것을 배웠거나 본능적으로 알고 있습니다. 그런데 왜 표정과 말투를 조절하기가 어려울까요? 아이의 행동에 화가 나기 때문입니다. 보통 다른 사람의 말이나 행동으로 화가 나는 경우는 과제가 제대로 분리되지 않아 상대방의 과제에 과도하게 침범해 나의 과제로 생각될 때, 과거 비슷하게 경험했던 부정적 기억이 떠오르거나 상대방의 말과 행동이 무례할 때 등입니다. 아이와의 관계에서는 이런 화가 나는 대표적인 이유 세 가지가 복합적으로 작용하고는 합니다.

부모와 아이는 과제를 분리하기가 가장 어려운 관계입니다. 같이 살다 보니 부정적 경험도 많을 수밖에 없습니다. 그리고 나이가 들수록 예의가 없다고 느껴지는 아이의 표정과 말투에 상처받은 부모의 감정이 복합적으로 작용합니다. 이런 원인 때문에 가족이 아닌 타인과의 대화에서는 침착함을 유지하다가도, 오히려 더 잘해줘야 할 배우자나 아이에게 모진 말을 하게 됩니다. 즉 서로의 삶에 많은 영향을 미치는 관계가 부모와 자녀 관계이므로 더욱 감정 조절이 어렵습니다. 문제를 함께 해결하기 위해서는 부모의 감정부터 알아차릴 필요가 있습니다. 앞서 배운 감정 조절 3단계(**경험**, **감정**, **행동**)를 통해 현재 자신의 감정을 알아차려 반복되는 실수를 줄여야 합니다.

그렇다면 화는 왜 날까요? 감정을 조절하기 위해 불안정한 감정의 패턴을 찾고 변화하기 위해 노력하고 있지만, 종종 참을 수 없는 분노를 경험합니다. 소위 뚜껑이 열려 이성이 없어진 것처럼 순식간에 화가 나기도 합니다. 이성적으로 문제를 해결하려고 노력하지만, 대화가 되지 않고 감정을 건강하게 표현하지 못해 결국 화만 내고 끝납니다. 또는 부모가 화난 모습을 보고 아이 역시 화를 내고, 결국 대화가 안 좋게 끝나면서 정작 문제 해결과는 멀어진 경험을 많이 해보셨을 것입니다. 미국 UCLA 의과대학 정신건강의학과 임상교수인 대니얼 시걸(Daniel J. Siegel)은 《Parenting from the Inside Out》이라는 책에서 손바닥 뇌이론으로 화가 나면 이성적 사고가 되지 않는 이유와 상대방이 화가 나면 자신도 화가 나는 이유를 설명했습니다.

뇌간
(생존)

중뇌
(감정)

전전두엽
(이성-직관-판단-공감)

손가락 열기
(뚜껑 열림)

시걸은 우리의 뇌를 3단계로 구분했습니다. 가장 안쪽 뇌는 **뇌간**으로 생존을 담당하는 파충류의 뇌입니다. 뇌간은 호흡이나 수면 등 생명 유지에 필수인 기능을 담당하며, 위험에 처했을 때의 대표적인 방어기제인 얼어붙기(Freeze), 회피하기(Flight), 싸우기(Fight) 중 한 가지 반응을 보이게 합니다. 이는 자신의 의지와 관련 없이 즉각적으로 일어나는 반응입니다. 무서운 소리가 났을 때 깜짝 놀라며 반응하는 것처럼 이성적으로 조절하기가 어렵습니다.

두 번째 뇌인 **중뇌**는 포유류의 뇌로서 감정과 기억 등 신체의 변화를 담당합니다. 마지막으로 세 번째 뇌인 **대뇌**는 이성을 담당하며, 이를 통해 생존 본능(뇌간)과 감정(중뇌)을 조절하며 살아갑니다. 특히 뇌의 가장 앞부분에 있는 **전전두엽**은 감정의 뇌인 중뇌와 가장 가까워 감정을 인식하고 조절하는 역할을 하며 공감을 담당합니다. 그래서 감정이 편안하고 안정되어 있으면 대뇌의 이성을 통해 감정과 생존 본능을 조절하고 살아가지만, 감정적으로 불안정해지거나 생존에 위협을 받으면 소위 뚜껑이 열리듯 대뇌의 감정 조절 능력이 사라져 분노를 표출하게 됩니다.

예를 들어 아이가 숙제하지 않고 노는 상황이라면 처음에 부모는 이성을 유지하며 숙제를 해야 한다고 말할 것입니다. 아이가 건성으로 "네"라고 대답해도 '알아서 하겠지' 하고 잠시 딴 일을 하고 왔는데 아이가 아직 놀고 있습니다. 그러면 기분이 안 좋아지면서 "숙제해야지!" 하고 조금 높은 소리를 냅니다. 부모의 화난 듯한 표정과 말투에 아이도 갑자기 화를 내며 "아 있다가 한다고!"라고 말합니다.

서로의 감정이 오가는 과정에서 부모와 아이의 뇌는 이성을 잃고 감정과 생존 본능이 뇌를 지배합니다. 즉 화가 나면 뇌는 부정적 감정으로 인해 이성을 담당하는 대뇌가 역할을 잃고, **감정**(중뇌)을 **방어기제**(뇌간)를 활용해 표현합니다. 예를 들어 뚜껑이 열리면서 이성을 잃고 화가 나 짜증(**감정, 중뇌**)을 내며 싸우거나, 회피하거나, 얼어붙기(**뇌간, 방어기제**) 중 한 가지로 표현하게 됩니다. 그래서 화가 난 사람은 이성적 판단을 못 하게 됩니다.

부모는 화내지 않고 대화하겠다고 다짐했지만, 아이의 화난 모습을 보고 결국 싸움으로 끝나고 맙니다. 아이의 화난 모습만 봐도 갑자기 화가 나거나, 부모가 조금만 소리를 높여도 더 소리 높이는 것처럼 서로의 화난 모습은 감정을 격화시켜 결국 감정의 골을 만듭니다. 이렇게 참으려고 해도 참아지지 않고 아이와 다투게 되는 원인은 무엇일까요?

화내는 모습만 봐도 화가 나는 이유는 사람에게 상대방을 따라 하려는 거울뉴런이 있기 때문입니다. 상대방이 하품하면 졸리지 않아도 나도 하품하거나, 어린아이가 부모의 행동이나 표정을 따라 하는 것처럼 상대방의 모습을 관찰하고 따라 하는 것이 거울뉴런의 영향입니다. 거울뉴런은 인간의 생존과 문화 형성에 영향을 미칩니다. 예를 들어 표정을 통해 상대방의 감정을 알아차리는 방법, 위험을 피하는 방법 등 삶의 많은 지식이 모방을 통해 전수되기 때문입니다. 그래서 상대의 화난 모습을 보고 서로 따라 하는 상황이 됩니다. 문제 해결을 위한 대화를 하거나, 아이가 감정적으로 불안정한 모습을 보일 때는 부모의 역할이 매우 중요합니다. 부모는 이성을 유지하면서 아이의 감정을 조절해주어야 합니다.

부모가 먼저 감정 조절의 모델을 보여주어야 합니다. 그래서 화가 났음을 알아차린 순간 대화를 멈춰야 합니다. 감정을 회복하기 위한 시간을 만들기 위해 아이에게 "우리 이 이야기는 잠시 후에 해도 될까? 아빠는 지금 감정이 불편해서 대화가 어려울 것 같아"라고 말하고 잠시 다른 공간에서 감정을 조절하는 타임아웃을 가집니다. 서로 다른 공간에서 타임아웃을 하기 어렵다면, 잠시 대화를 멈추고 관련 없는 다른 일에 집중하는 것도 방법입니다. 예를 들어 운전하다가 싸우는 상황이라면 잠시 음악을 틀거나 창문을 열어 분위기를 전환합니다.

부모가 아닌 아이가 화가 났다면 대화를 멈추는 것이 좋습니다. 뚜껑이 열리면 이성적 판단이 되지 않으므로 정상적인 대화가 어렵습니다. 그러니 감정을 조절하고 뚜껑을 닫아 이성적인 상태가 되기 위한 시간을 갖기 위해 대화를 멈춥니다. 다음으로는 아이를 앉히거나 눕혀서 몸이 바닥과 닿는 면적을 넓힙니다. 화가 나면 앉아 있다가도 갑자기 일어나는 것처럼, 바닥과 닿는 면적이 줄어들면 감정 조절이 어려워집니다. 그래서 아이가 서 있다면 앉히고, 앉아 있다면 눕히는 등 바닥과 닿는 면적을 넓혀 감정을 가라앉힙니다.

이것이 통하지 않는다면 이성적 사고를 위해 "오늘 점심 뭐 먹었니?" "지금 몇 시지?" 등 의미 없는 질문을 해 이성을 되찾고 현재 화가 나 있음을 알아차리게 합니다. 또한 "OO아 지금 화가 난 것 같아. 잠깐만 쉰 다음에 말할까?"라고 말하고, 부모와 분리된 공간에서 잠시 감정을 회복하자고 제안합니다. 감정을 회복하기 위한 긍정적 타임아웃은 아이 스스로 감정을 회복하는 방법을 배우게 합니다.

필요하다면 긍정적 타임아웃 공간을 만드는 것도 좋습니다. 아이가 원하는 공간에 좋아하는 물건이나 애착 인형 등 아이가 감정을 회복하는 데 도움이 되는 물건을 넣어둡니다. 어느 정도 감정이 조절되었다면 다시 대화하기에 앞서 안아주어 부모가 아이와 연결되고 싶어 한다는 점을 보여줍니다. 부모와 아이가 열린 뚜껑을 닫고 연결을 통해 대화를 시작한다면 더 좋은 관계를 만들며 문제를 해결할 수 있습니다.

부모와 아이의 대화에는 표정과 말투 그리고 감정 조절이 필요합니다. 부모와 아이의 관계는 매우 밀접한 관계입니다. 오히려 배려심이 부족해 상처를 줄 수 있으니, 아이와 대화할 때 부모의 역할이 매우 중요합니다.

'감정에는 친절하고, 행동에는 단호하라.'

알프레드 아들러가 말한 것처럼 부모는 아이보다 먼저 감정을 조절하여, 화가 난 아이의 감정을 인정하고 수용(감정에는 친절하고)해야 합니다. 그리고 부드러운 표정과 말투(행동에는 단호하라)로 단호하게 말해야 합니다. 부모가 감정을 조절한 표정과 말투를 아이에게 보여주면 좋은 모델이 되어 자녀의 사회적 성장에 도움이 됩니다.

"오늘 놀고 싶었구나. 저녁 6시에는 뭐하기로 약속했지?"

친절하고 단호한 부모를 위한 체크리스트 11

"말하지 않아도 알아요."

어느 광고에 들어간 노래의 가사입니다. 부모는 학교에 다녀온 자녀의 표정만 봐도 오늘 재미있었는지 슬픈 일이 있었는지 알 수 있습니다. 그만큼 한마디 말보다 표정에서 많이 파악할 수 있습니다. 오늘 힘들어하는 자녀에게 지지하는 표정을 보여주셨나요? 기뻐하는 자녀에게 공감하는 표정을 보여주셨나요?
마찬가지로 자녀도 부모의 표정에서 많은 정보를 얻습니다. 부모가 화난 표정을 지으면 움츠러들고, 즐거운 표정을 지으면 함께 즐거워합니다. 다른 사람의 감정에 공감하는 방법을 가르치는 가장 좋은 방법은 모델링입니다. 공감하는 표정과 말투로 자녀에게 오늘 있었던 일을 물어봅니다. 그리고 눈을 마주치고 끝까지 듣습니다. 자녀는 부모의 모습에서 경청을 배웁니다. 오늘 하루도 힘든 하루를 지내고 온 자녀에게 질문해봅시다.

"오늘은 어땠니?"

- ☐ 자녀와 문제를 해결할 때 긍정적인 표정을 지었습니다.
- ☐ 말투의 중요성을 알고 감정을 조절하여 말했습니다.
- ☐ 부모가 감정을 조절하는 모델을 보여주었습니다.
- ☐ 감정에는 친절하게 공감했습니다.
- ☐ 잘못된 행동에는 단호하게 잘못되었다고 말했습니다.

느린학습자의 미래를 위한 노력

느린학습자, Slow Learner, 경계성지능장애로 다양하게 불리는 우리 아이는 어떤 존재일까요? 지금까지 학교나 사회에서 배움이 느린 느린학습자는 천덕꾸러기 같은 존재였습니다. 가만히 놔두면 특별하게 방해가 되지 않지만, 집단에 소속되려고 하면 상처받으며 밀려나 겉도는 일이 많았습니다. 지속적인 상처로 잘못된 신념이 생겨 타인을 공격하는 성향을 만들기도 했습니다. 지금까지 우리 사회는 앞으로만 나아가는 데에 과도하게 집중했습니다. 남들보다 떨어지거나 느리면 그 사람이 잘못된 존재인 양 뒤처지는 것이 당연한 것처럼 생각해왔습니다. 하지만 이제는 빠른 발전보다 모두 함께 속도를 맞춰가는 방향으로의 전환이 필요합니다.

느린학습자들의 장기적 성장을 위해 가정, 학교, 사회의 노력이 필요합니다. 먼저 가정에서는 아이의 독특함을 인정하고, 그 독특함을 긍정적으로 풀어낼 수 있는 지원이 필요합니다. 아이의 작은 성과를 격려하고 부모와 함께 천천히 하나씩 해나가야 합니다. 그리고 부모 역시 아이의 과제를 분리하고 독립적인 개체로 인식해야 자립의 토대를 만들어줄 수 있습니다. 부모의 성장과 회복은 아이의 성장으로 바로 연결됩니다. 따라서 부모 역시 배우고 함께 성장하는 경험을 가져야 합니다.

다음으로 학교에서는 느린학습자에 대한 인식을 재고해야 합니다. 배움이 느린 아이를 넘어, 우리 반의 구성원이라는 생각이 필요합니다. 아이의 독특함을 잘못된 것이라고 생각하면, 학교라는 집단에 소속되기가 어렵습니다. 함께 어울리고 서로의 다름을 존중하면서 소속감을 가질 수 있는 환경을 만들어주어야 합니다. 느린학습자에게 학교만큼 중요한 것이 친구이고, 그 친구를 만들기가 가장 쉬운 곳이 학교입니다.

마지막으로 사회에서 느린학습자에 대한 체계적인 지원 정책을 마련해야 합니다. 가정과 학교에서 개별적으로 하는 노력은 힘에 부치게 되어 있습니다. 그래서 체계적인 지원 방안을 사회에서 마련해 장기적인 동력을 만들어주어야 합니다. 현재 진행되고 있는 느린학습자 지원 조례를 넘어 법령, 지원센터 등 느린학습자가 배우면서 성장할 수 있도록 돕는 현실적 지원이 필요합니다.

느린학습자에게 필요한 말은 빨리 오라는 말보다 함께하자는 말입니다. 이제 느린학습자의 자립을 위해 모두의 노력이 필요합니다. 더 이상 부모나 아이의 개인적 역량으로 문제를 해결하는 방법은 효과적이지 않습니다. 사회화가 이루어지는 가정, 학교, 사회에서 우리 아이를 위한 도움이 절실합니다. 느린학습자 아이들의 성장과 자립을 위한 응원이 필요합니다.

"빨리 와"라고 말하는 대신 "같이 가자."

어떤 부모가 될 것인가?

느린학습자 부모님과 하는 이야기의 마지막입니다. 지금까지 배운 것은 친절하고 단호한 부모가 아이의 성장과 자립을 위해 어떤 마음가짐을 가지고 말하고 행동하는지에 대한 내용이었습니다. 이제는 부모라는 역할을 넘어 나 스스로 어떤 사람이 되고 싶은지 결정하고, 행동하는 방법을 6가지 원칙으로 배워보겠습니다.

첫 번째 원칙: 어떤 부모가 되고 싶은지는 스스로 정합니다. 눈앞에 20년이 지나 성인이 된 아이가 찾아왔다고 상상해보겠습니다. 내 아이가 어떤 사람이 되기를 원하나요? 세세하게 보면 다르겠지만, 크게 보면 자립심이 강하고 스스로 일을 열심히 하는 주체적인 사람이 되기를 원할 것입니다. 하지만 막연히 아이가 어떻게 되기를 바란다는 마음만 있지, 자신이 어떤 부모가 되고 싶은지 고민하지 않는 부모가 많습니다. 그래서 아이에게 이렇게 해야 한다고 말하지만, 부모 자신은 변하지 않으려고 합니다.

아이의 성장과 부모의 성장은 서로 연결되어 있습니다. 아이를 변화시키고 싶다면, 부모도 함께 변화하면서 아이를 도와주어야 합니다. 아이의 성장을 위해 함께 노력하는 부모의 모습은 모범이 되어 성장을 촉진합니다.

그래서 내 아이를 어떤 사람으로 키울지(Have), 어떤 것을 해줄지(Do) 생각하기에 앞서, 내가 어떤 부모가 되려는지(Be)를 결정해야 합니다. 사르트르의 철학을 담은 쓰쓰미 구미코의 《책임은 어떻게 삶을 성장시키는가》에서는 내가 할 일(Do)과 그로 인해 가질 것(Have)보다, 내가 어떤 사람이 되려는지(Be)가 더 중요하다고 말합니다. 이해를 돕기 위해 가족이 함께 살 튼튼한 집을 만들어본다고 해보겠습니다.

튼튼한 집을 지을 때 가장 중요한 부분은 단단한 기반입니다. 기반(Be)이 단단해야 외부 압력에도 흔들리지 않고 넘어지지 않습니다. 탄탄한 기반(내가 어떤 부모가 될지)을 결정했다면, 다음으로 내가 원하는 부모가 되기 위해 어떤 말과 행동(Do)을 할지 결정합니다. 부모의 말과 행동은 집이 되어, 가족의 안전한 울타리가 되어줍니다. 단단한 기반과 집에는 행복한 가족(Have)이 살아갑니다. 행복한 가족이 되고 싶다면 먼저 어떤 부모가 되고 싶은지 정해 단단한 기반(Be)을 다지고, 어떤 말과 행동(Do)을 해야 할지 결정해 집을 짓습니다. 이 집에는 행복한 가족(Have)이 함께 살아갈 것입니다.

여러분은 어떤 부모가 되고 싶나요?

자기 자신이 어떤 사람이 되는 것은 스스로 결정할 수 있습니다. 그리고 결정했으면 구체적인 행동을 선택하고, 과정을 신뢰하고 성실하게 한 걸음씩 앞으로 나아가야 합니다. 당연히 처음에는 과거의 나 자신(습관)이 방해할 것입니다. 바꾸고 싶은 습관은 감정 조절이 어려울 때마다 나타날 것이고, 화를 내거나 지시를 통해 문제를 쉽게 해결하려고 할 것입니다. 그래서 과거의 긍정적이지 않은 습관이 나오고, 하면 안 될 말을 합니다.

하지만 중요한 것은 아이와 마찬가지로 부모 역시 실수에서 배운다는 것입니다. 실수를 인정하고 내가 선택한 **존재 방식**(Be)과 **행동**(Do)을 신뢰하고, 다시 시작하는 것이 내가 원하는 부모가 되는 첫걸음입니다. **내가 얻고 싶은 결과**(Have)는 과정의 신뢰를 바탕으로 천천히 그리고 자연스럽게 찾아옵니다. 다음 활동은 Be-Do-Have 활동입니다. 아래 주어진 질문을 바탕으로 내가 원하는 부모가 되기 위해 어떤 말과 행동을 해야 할지 적어봅시다.

Be-Do-Have 활동*

Be(존재방식): 어떤 부모가 되고 싶나요?

Do(행동): 그런 부모가 되려면 어떻게 말하고 행동해야 할까요?

Have(결과): 그로 인해 무엇을 얻을 수 있을까요?

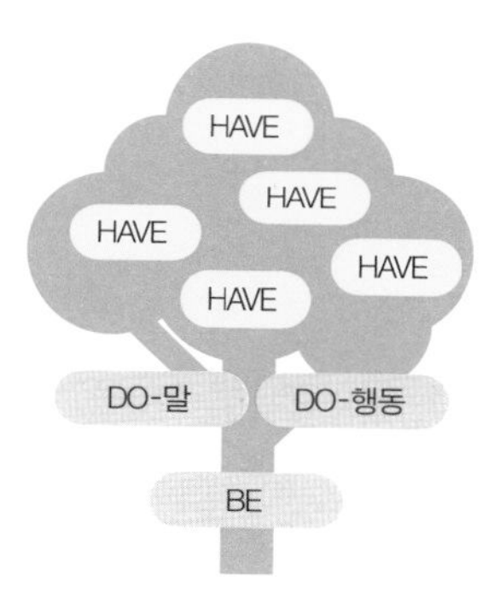

이 활동은 질문만 바꾸면 아이와도 함께할 수 있는 활동이 됩니다. 초등학교를 졸업하고 어느 정도 성장한 아이는 자신의 존재와 내가 좋아하는 것과 싫어하는 것을 구분하고, 장래 무엇을 하며 살아갈지 고민합니다. 이 과정에서 많은 아이가 직업에 국한하여 진로를 생각하고는 합니다. 막연히 자신이 되고 싶은 직업 정도를 고민할 뿐, 어떤 사람이 될지는 고민하지 않습니다. 진로를 고민할 때도 Be-Do-Have 활동으로 어떤 사람이 되고 싶은지 생각하는 과정이 필요합니다.

예를 들어 학창 시절에 선생님(Have)이 되고 싶다고 생각하더라도, 어떤(Be) 선생님이 될지가 더 중요합니다. 학생에게 친절한 선생님이 될 수 있고, 자신이 아는 것을 열정적으로 가르치는 선생님이 되고 싶을 수도 있습니다. 그런데 현실적인 이유로 진로를 회사원(Have)으로 바꿔도, 내가 되고 싶었던 친절한 사람, 열정적인 사람(Be)

* 《책임은 어떻게 삶을 성장시키는가》, 쓰쓰미 구미코, 더블북, 2021.

은 변하지 않습니다. 그래서 아이에게 어떤 직업을 갖고 싶은지 묻기보다 어떤 사람(Be)이 되고 싶은지 질문하면 좋습니다. 그리고 어떻게 말하고 행동(Do)해야 할지 생각해보고, 무엇을(Have) 얻을 수 있을지 이야기합니다.

부모는 아이가 되고 싶은 사람이 되기 위해 해야 할 말과 행동을 함께 고민하고, 실천할 수 있도록 도와야 합니다. 자신이 어떤 사람이 될지 결정한 아이는 어떤 직업을 갖든, 어떤 사람과 만나든 자신이 결정한 존재 방식(Be)과 말과 행동(Do)을 바탕으로 원하는 것(Have)을 이룰 수 있습니다.

두 번째 원칙: 왜 좋은 부모가 되고 싶은지 이유를 정합니다. 부모와 아이는 다른 관계와 달리 계약이나 약속이 아닌 태어남과 동시에 관계가 맺어집니다. 그래서 서로 어떻게 관계를 맺어야 할지, 어떻게 하면 좋은 관계가 될지 고민하지 않고 관계가 형성됩니다. 성장의 단계에 있는 아이와 달리, 부모는 아이를 잘 양육하기 위해 더 좋은 부모가 되려면 어떻게 해야 할지 고민합니다. 그런데 많은 부모가 왜 좋은 부모가 되려고 하는지, 즉 본질적인 부분보다 대화 방법이나 행동 같은 기술적 부분에만 접근하려고 합니다. 그래서 아이의 예상하지 못한 반응에 상처 입기도 하고 관계가 악화되기도 합니다.

사이먼 시넥(Simon Sinek)은 테드(Ted)의 리더십 강의에서 골든서클(Why-How-What)을 통해 문제 접근 방식의 변화가 필요하다고 이야기했습니다. 대부분 사람은 왜(Why) 그것을 하려고 하는지 생각하지 않고, 과정(How)과 결과(What)에만 집중한다는 것입니다. 예를 들어 어떤 물건을 살 때, 그 물건이 왜(Why) 필요한지 고민하는 것이 우선인데, 물건을 구매해 얻는 이득(What)과 물건을 어떻게 사용하는지(How)에만 집중한다는 것입니다. 좋은 부모에 대해서도 마찬가지입니다. 왜 좋은 부모가 되려는지 생각하지 않고, 말과 행동과 그로 얻을 것에만 집중한다는 것입니다. 골든서클의 개념을 쉽게 정리하면 다음과 같습니다.

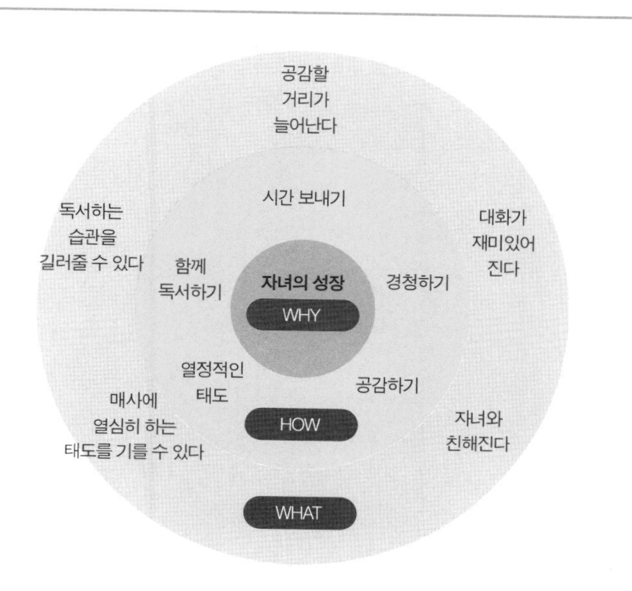

Why는 좋은 부모가 되기 위해 가장 중요한 메시지입니다. 좋은 부모가 되려는 목적을 설명하고, 의도한 대로 행동하게 만듭니다. 양육과 관련된 신념을 바탕으로 Why를 만들면 효과적인 활동을 할 수 있습니다. Why를 만들었다면 목적을 달성하기 위한 How를 결정합니다. How에는 실제로 부모가 실천할 수 있는 행동을 명확히 표현하는 것이 좋습니다. 마지막으로 How를 하면 어떤 결과를 얻을지 What에 적습니다.

저는 **아이의 성장**이라는 목적(Why)을 위해 **아이의 말에 공감하고 경청**하며, **감정을 조절하는 모습을 보여주고, 평소에 같이 책을 읽거나 함께 더 많은 시간을 보내려고** 합니다(How). 그리고 **매사에 열정적인 태도**를 보여주어 아이도 열정적으로 살아가도록 도와주고 싶습니다. 이런 행동(How)을 하면 자녀와의 대화가 재미있어지고, 친해지며, 공감할 거리가 늘어나는 결과(What)를 얻을 것 같습니다. 이렇듯 좋은 부모가 되기 위해 목적(Why)을 먼저 결정하고 구체적인 방법(How)을 고민한다면, 원하는 결과(What)를 얻을 확률이 높아집니다. 나만의 골든서클을 만들어보세요.

골든서클

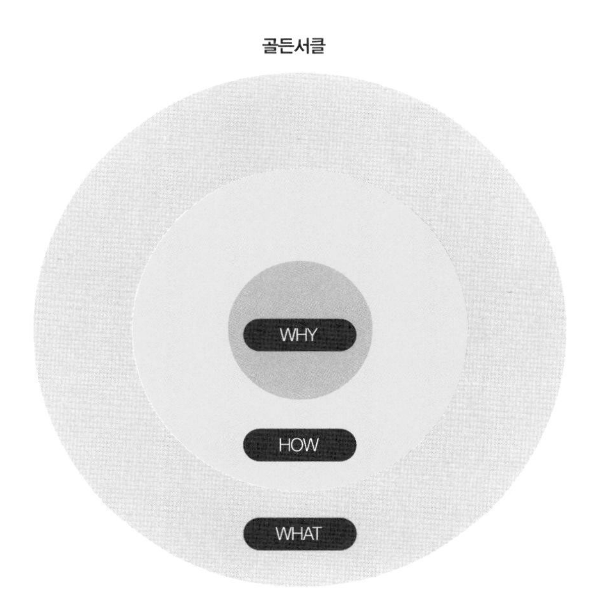

세 번째 원칙: 하기로 결심한 것을 공언합니다. 많은 부모가 책이나 강연을 통해 영감을 얻고 좋은 부모가 되겠다고 결심합니다. 배운 것을 실천하기 위해 노력하지만, 시간이 지나면서 흐지부지되다가 결국 원래대로 돌아갑니다. 그만큼 오랜 시간을 통해 만들어진 습관을 바꾸기란 매우 어렵습니다.

좋은 부모가 되기 위해 결심했다면, 구체적으로 하고 싶은 말과 행동을 가족 앞에서 공언하는 것이 효과적입니다. 공언은 여러 사람 앞에서 공개적으로 말하는 것입니다. 가족 앞에서 공언하면 책임감을 느끼게 되고, 약속을 지키지 않는 사람이 되지 않으려고 더 노력하게 됩니다.

예를 들어 경청하는 부모가 되고 싶다면, 가족 앞에서 "**오늘부터 가족들과 대화할 때는 눈을 보고 고개를 끄덕이며 경청할 것입니다**"라고 구체적인 내용을 담아 공언합니다. 당연히 처음에는 부끄럽고 약속을 지키지 못하면 어떻게 될지 걱정할 것입니다. 하지만 부모의 공언과 지키기 위해 노력하는 모습은 아이에게 모범이 됩니다. 그래서 Be-Do-Have 활동에서 정한 말과 행동(Do)이나, 골든서클에서 정한 행동(How)을 가족 앞에서 공언하면 활동의 효과성을 높일 수 있습니다. 속으로만 '이렇게 해야지'라고 하지 말고, 공언으로 실질적인 변화를 이룩해야 합니다.

네 번째 원칙: 자주 적고 기록합니다. 적고 기록하고 다시 상기하는 습관은 행동 변화에 가장 큰 영향을 미치는 요소입니다. 오늘 아이와의 대화에서 참고할 점이나, 갈등이 있었던 말이나 행동, 긍정적인 대화 상황 등을 자주 기록하면 좋습니다. 특히 아이와의 갈등 상황을 기록할 때는 부모의 감정이 들어가지 않도록 주의해야 합니다. 가능하다면 감정을 배제하고 당시 말과 행동을 객관적으로 제삼자 입장에서 적다 보면 잘못을 파악하기가 수월해집니다.

또한 적는 과정에서 감정이 조절되고, 다음에는 어떻게 하면 더 좋은 대화가 될지 고민하게 되어 행동의 변화도 꾀할 수 있습니다. 나아가 긍정적인 대화도 기록하면, 부정적인 대화와 비교할 수 있어 행동 수정에 도움이 됩니다. 기록할 때는 여러 군데에 나눠 기록하기보다 한곳에(다이어리 등) 날짜순으로 기록하면 더 효과적입니다.

다섯 번째 원칙: 해결책은 가지고 다니면서 봅니다. 공언의 효과성을 더 높이고 싶다면, 해결책을 가지고 다니면서 보는 것이 좋습니다. 공언 효과와 마찬가지로 기억을 되살리기 위해서는 반복이 중요합니다. 막연하게 '뭘 해야지'라고 생각하면 짧은 시일 내에 잊어버려 후회하는 일이 많습니다. 그래서 써서 벽에 붙여보지만, 자주 보지 않게 되면서 이 역시 차츰 잊힙니다. 중요한 것을 반복해 보고 싶다면, 자주 보는

곳에 적고 가지고 다니면서 보면 좋습니다.

예를 들어 휴대전화 바탕화면이나, 지갑 등 매일 갖고 다니는 것이 좋고, 그게 어렵다면 현관문 안쪽에 붙여 집을 나갈 때마다 보면 좋습니다. 아니면 냉장고나 싱크대 벽면처럼 자주 보는 곳에 붙여놓으면 좋은 결과를 얻을 수 있습니다. 아이와 약속한 것 역시 아이가 자주 볼 수 있도록 주로 머무르는 곳에 적어 상기시킬 수 있습니다.

해결책을 적을 때도 너무 추상적인 목표는 실제로 지키기 어려우므로, 구체적이고 세세한 해결책을 적는 것이 좋습니다. 그리고 '경청'이라고 적기보다, '아이의 말에 귀 기울이기'처럼 동사로 끝나도록 적으면 더 효과적입니다.

여섯 번째 원칙: 변할 수 있다고 신뢰하고 한 걸음 앞으로 나아갑니다. '죽을 때가 되면 사람이 변한다'라는 말이 있습니다. 성격을 고치려면 전기충격기를 구입하라는 법륜 스님의 말처럼, 습관을 고치기는 매우 힘듭니다. 변화하고자 하는 목적과 구체적인 방법을 결정했다면, 그 결정을 신뢰하고 아기가 걸음마하듯이 천천히 한 걸음 앞으로 내딛어야 합니다. 처음부터 큰 걸음으로 가면 금세 지치고, 오랜 기간 유지하기가 어렵습니다. 목표를 여러 단계로 나누어 작은 단계부터 천천히 계획합시다.

예를 들어 아이의 말에 공감하기가 목표라면, 처음부터 모든 말에 공감하기는 쉽지 않습니다. 먼저 하루에 한 번 공감하기를 실천하고, 어느 정도 익숙해지면 차츰 횟수를 늘려 습관으로 만듭니다. 부모의 변화에 아이가 반응을 보이지 않을 수 있습니다. 아이 역시 습관을 고치기 어렵다는 것을 이해해야 합니다. 그래서 아이가 반응이 없더라도 결정을 신뢰하고 계속 실천해야 합니다. 아이가 부모의 작은 변화를 알아차린다면 천천히 변화할 것입니다. 부모와 아이 모두 긍정적인 방향으로 변할 수 있다는 믿음과 용기를 갖고 한 걸음 나아가야 합니다. 작은 걸음이 금세 큰 걸음이 되어, 부모와 아이의 성장에 밑거름이 될 것입니다.

친절하고 단호한 부모를 위한 체크리스트 12

자녀를 낳기 전에 어떤 부모가 되고 싶은지 생각해본 적 있으신가요? 그때의 마음을 지금도 간직하고 있나요? 많은 부모가 부모가 될 생각은 하지만 어떤 부모가 될지는 고민하지 않습니다. 내 부모처럼 괜찮은 부모(또는 다른 부모)가 되리라고 막연히 생각하고는 합니다. 하지만 처음 경험하게 되는 부모의 삶은 생각과 많이 다릅니다. 말이 잘 안 통하는 자녀와 잘 지내는 법을 배우지 못했습니다. 그래서 주변에서 좋다는 방법을 듣고 실행해보지만 내 자녀와 맞지 않기도 합니다. 그렇게 시행착오가 늘고 있다면 다음 질문을 해볼 시기가 된 것입니다.

'여러분은 어떤 부모가 되고 싶은가요?'

어떤 부모가 되고 싶은지 먼저 결정해야 합니다. 그리고 그런 부모가 되기 위해 무엇을 할지 선택하고, 그 방법을 신뢰하고 꾸준히 실천합니다. 내가 원하는 대로 변하기 위해서는 과정을 믿고 꾸준히 실천할 수 있어야 합니다.

- ☐ 어떤 부모가 되고 싶은지 생각해봤습니다.
- ☐ 내가 되고 싶은 부모가 되기 위해 어떤 방법을 사용할지 고민했습니다.
- ☐ 골든서클 활동을 해봤습니다.
- ☐ 해결책을 가지고 다니면서 지속적으로 확인했습니다.
- ☐ 부모와 자녀 모두 긍정적으로 변할 수 있다고 신뢰합니다.

느린학습자 자녀의 미래를 위한 제도적 지원: 부모의 주도적 역할

느린학습자와 경계선지능을 가진 아이들이 현대 교육 체계 내에서 충분한 지원을 받기 어려운 현실에 많은 부모님이 고민하고 있습니다. 아이의 학습 능력과 속도는 각기 다르지만, 현재의 교육 제도는 이를 충분히 반영하지 못하고 있습니다. 부모는 이러한 문제 속에서 자녀가 필요한 지원을 받을 수 있도록 **제도적 변화를 이끌어내는 주도적 역할**을 해야 하며, 이는 아이들의 미래를 위한 필수 과정입니다.

1. 제도적 지원이 필요한 이유

느린학습자와 경계선지능을 가진 아이는 표준 교육 체계에서 **충분한 지원을 받기 어렵기 때문**에 학습에서 뒤처지거나, 정서적·사회적으로 어려움을 겪을 수 있습니다. 이런 아이들이 적절한 지원을 받지 못하면 성인이 되어 사회에 적응하는 데 어려움을 겪을 수 있습니다. 따라서 아이의 교육과 발달을 도와 자립된 성인이 되는 준비 과정을 마련해줄 제도적 지원이 필수이며, 이를 마련하기 위한 활동에 부모가 참여할 필요가 있습니다.

2. 부모의 역할: 제도적 변화를 위한 목소리

부모는 자녀의 가장 가까운 보호자이자 권익을 대변하는 사람입니다. 자녀가 필요한 지원을 받을 수 있도록 하는 것이 부모의 중요한 역할 중 하나입니다. 이를 위해 부모는 자녀의 요구와 권리를 사회에 알리고, 제도적 변화를 촉구하는 활동을 할 수 있습니다.

제도적 변화를 요구하기 위해 부모님들이 할 수 있는 중요한 방법은 다음과 같습니다.

- **정책 참여 및 제안:** 부모는 자녀의 교육과 발달을 지원하는 정책에 대해 의견을 제시하고, 제안을 할 수 있습니다. 이는 교육청, 지방자치단체, 국회 등을 통해 이루어질 수 있으며, 부모의 경험과 필요를 반영한 정책 제안이 실질적인 변화를 이끌어낼 수 있습니다.
- **학부모 모임 및 커뮤니티 참여:** 비슷한 경험을 가진 부모와 연대하고 정보를 공유함으로써, 느린학습자 및 경계선지능 아동을 위한 제도적 지원을 요구할 수 있습니다.

*** 각 지역 커뮤니티 현황**

서울 구로구 [하랑], 서울시 밈센터 [북극성], 서울 성북구 [소나기], 서울 도봉구 [느루별], 동대문구 [함께오름], 서울 강서구 [다꿈이], 서울 중랑구 [늘푸른], 인천광역시 [늘해랑], 세종특별자치시 [놀위터], 부산광역시 [아다지오], 경북 포항시 [같이가자], 울산광역시 [날샘], 대구광역시 [슬로브], 경기 평택시 [솔빛], 경기 부천시 [너나랑], 경기 안양시 [아올다], 경기 고양시 [이루리], 경기 오산시 [함께우리], 경기 용인시 [다가감], 경기 용인시 [차근토닥], 경기 시흥시 [다움], 경기 남양주시 [하랑], 경기 구리시, 경기 화성시 [늘품], 강원 [마주봄], 경북 포항시 [같이가자], 충북 청주시 [늘품우리].

3. 제도적 지원이 가져오는 변화

제도적 지원은 아이의 삶에 큰 변화를 가져올 수 있습니다. **맞춤형 교육 프로그램, 심리적 지원** 등 제도적 틀이 마련되면, 느린학습자는 자신의 학습 속도에 맞는 교육을 받을 수 있습니다. 그리고 궁극적으로 사회적 기술을 배우고 자립할 기회를 얻습니다. 또한 **직업 교육 프로그램**은 성인이 되었을 때 느린학습자가 직업을 갖고 경제적으로 자립할 수 있도록 돕는 중요한 역할을 합니다. 부모가 제도적 지원을 요구하고 이를 위해 활동할 때, 이런 변화는 현실이 될 수 있습니다.

4. 부모가 제안할 수 있는 제도적 지원

부모는 자녀의 요구에 맞춘 제도적 지원 방안을 다음과 같이 제안할 수 있습니다.

- **맞춤형 학습 지원**: 아이 각자의 속도에 맞춰 학습할 수 있는 환경 조성.
- **심리 및 정서적 지원**: 안정된 학습 환경을 위한 심리상담 및 프로그램 확대.
- **사회적 기술 훈련**: 학교 밖에서 생활에 필요한 사회적 기술을 배울 수 있는 프로그램 마련.
- **자립 지원 프로그램**: 성인이 되었을 때 경제적으로 자립할 수 있는 직업 교육 프로그램 확대.

이러한 제도적 지원은 부모님들의 주도적 참여와 사회적 관심을 통해 실현될 수 있습니다.

5. 부모의 참여가 중요한 이유

부모의 참여는 단순히 자녀의 교육 문제를 해결하는 데 그치지 않습니다. 이는 사회 전체에 긍정적 변화를 가져옵니다. 부모가 먼저 목소리를 내고 변화를 요구할 때 더 나은 환경을 만들 수 있습니다. 내 자녀만 위한 것이 아니라, **비슷한 어려움**을 겪는 모든 아이에게 혜택을 줍니다. 부모의 작은 행동이 사회적 변화를 이끌 수 있다는 사실을 기억하고, 자녀의 **권리를 지키기 위한 제도적 지원**을 함께 요구하고 만들어나가야 합니다.

부모의 적극적인 참여와 노력이 더 많은 아이에게 밝은 미래를 선물합니다. 부모가 앞장서서 노력하면 느린학습자와 경계선지능 아동의 삶이 한층 나아질 것입니다.

- 사회적협동조합 함께하랑 이사장 신순옥

느린학습자 관련 지역별 조례

법제처 국가법령정보센터 〉 자치법규(조례·규칙) 〉 현행자치법규 〉 검색창에서 '느린학습자' 검색

https://www.law.go.kr/ordinSc.do?menuId=3&subMenuId=27&tabMenuId=139&query=%EB%8A%90%EB%A6%B0%ED%95%99%EC%8A%B5%EC%9E%90#AJAX

경계선지능인 관련 지역별 조례

법제처 국가법령정보센터 〉 자치법규(조례·규칙) 〉 현행자치법규 〉 검색창에서 '경계선 지능' 검색

https://www.law.go.kr/ordinSc.do?menuId=3&subMenuId=27&tabMenuId=139&query=%EA%B2%BD%EA%B3%84%EC%84%A0%20%EC%A7%80%EB%8A%A5#AJAX

주요 내용: 느린학습자 지원센터 설치 및 운영, 평생교육, 지원 사업 운영 등

국내 대표적인 느린학습자 지원 단체

느루잉

느린학습자를 위한 1:1 멘토링 매칭 플랫폼

https://neuruing.com/main

느린소리

느린학습자의 자립을 돕고 멘토가 되어주는 비영리단체

http://www.commonzfield.kr/chuncheon/commonzfield/partner?mode=view&seq=21

느린학습자 돌봄가족 지원센터

의정부 지역의 느린학습자와 그 가정을 지원하는 센터

https://www.slowlearner.co.kr

느린학습자시민회

느린학습자들이 사회구성원으로 존엄하고 가치 있는 삶을 영위할 수 있도록 활동하는 단체

https://slowlearners.kr

디자인느긋

느린학습자를 위한 미술 교육을 제공하는 사회적 기업

https://nu-good.com

마이페이스

느린학습자의 학습과 심리적 케어를 제공하는 서비스

https://dreammentor.co.kr/default/MYPACE/sub001.php

매일매일 즐거워

느린학습자를 위한 교육 및 사회 참여 촉진을 목표로 한 협동조합

http://funcoop.kr/

밈센터

서울특별시 경계선지능인 평생교육 지원센터

https://sbifc.org

별의친구들

서울시 도시형 비인가 대안학교

https://www.fos.or.kr

서울시 느린학습자 한부모 발굴 지원사업

서울시의 느린학습자를 지원하는 전담 창구 사업

아름인 금융프렌드

피치마켓에서 제작한 느린학습자와 그 가족들을 위한 금융교육

http://www.easyarum.com

예하예술학교

느린학습자를 위한 예술교육 전문 기관

http://www.yeha.or.kr/?page_id=248

이루다청년모임

이루다 학교를 졸업한 청년들로 이루어진 모임

이루다학교

느린학습자를 위한 자립대안학교

https://이루다.com

이음발달지원센터

대구의 느린학습자를 위한 교육 서비스를 제공하는 사회적기업

http://www.ieumdsc.co.kr

전국느린학습자부모연대

느린학습자 부모들이 모여 만든 전국 단위 부모 단체

https://m.cafe.naver.com/ca-fe/slowlearnersnetwork

천천히 함께

느린학습자를 위한 교육지원사업

https://www.slowtogether.or.kr

청소년과 사람사랑

느린학습자를 위한 비영리 민간단체

http://www.youthsrsr.co.kr

피치마켓

느린학습자를 위한 쉬운 글과 콘텐츠를 제작하는 대표적인 단체

https://peachmarket.kr/

함께하랑 사회적협동조합

서울시 구로구에서 느린학습자를 지원하는 사회적협동조합

https://www.instagram.com/with_harang2023

함성

느린학습자를 위한 사회적기업 교육 플랫폼

https://www.ham-sung.com

SLG 무릎위의학교

느린학습자들이 주인공이 되는 기독교 대안학교

https://www.slgschool.co.kr

출처: 서울시공익활동지원센터(2024.05.28). 사각지대에 놓인 느린학습자를 아시나요? ― 국내 느린학습자 지원과 단체 24개 알아보기

닫는 글

육아에 정답은 없지만, 정도(正道)는 있습니다. 육아의 정도는 자녀가 성장하고 자립해 한 명의 어엿한 성인이 되도록 돕는 것입니다. 이 책에는 느린학습자 부모님과 자녀들이 거쳐온 삶의 여정이 담겨 있습니다. 그리고 에피소드에 맞게 부모님의 성장을 위한 양육 방법과 팁도 실었습니다. 육아의 정답은 아니지만, 부모와 자녀의 성장을 도울 수 있는 현실적인 대화법을 담으려고 노력했습니다. 자녀의 성장은 부모의 성장과 밀접하게 연결되어 있습니다. 자녀는 부모의 표정과 말투, 대화법 등 말과 행동에 많은 영향을 받기 때문입니다.

저도 남자아이를 키웠고, 좋은 아빠는 아니었습니다. 오죽하면 아내가 아들과 싸우는 저를 말리느라 힘들다고 말했고, 아들과 또 싸울까 봐 집을 비우거나 혼자 외출하기도 힘들어했습니다. 아이의 돌발 행동과 이해가 되지 않는 행동을 견디기 힘들었고, 제가 원하는 대로 아들을 바꿀 수 있을 거라고도 생각했습니다. 하지만 아주 오만한 생각이었고, 아들과의 관계는 좁혀지지 않는 평행선 같았습니다.

이 책을 쓰면서 좋은 아빠가 되지 못했던 제 모습을 반성했습니다. 대화법을 실제로 실습까지 하면서 배웠지만, 실제 상황이 닥치면 평소 습관대로 행동했습니다. 배운 대로 말하지 못해 자책도 많이 했습니다. 연습한 대로 감정을 조절해보았지만, 그마저도 한두 번 해보고 포기했습니다. 좋은 아빠가 아니어도 아들은 저를 좋아해주었고, 어엿한 초등학교 6학년이 된 지금은 같이 운동도 다니는 사이가 되었습니다.

이 과정에서 육아가 자녀를 키우는 것이 아니라, 자녀를 통해 부모가 한 명의 어른으로 성장하고 완성되어가는 과정이라는 것을 깨달았습니다. 육아를 통해 나 자신이 성장하고 있었다는 것을 이제야 깨달은 것입니다. 이 책에서 예로 든 상황과 대화는 실패했던 경험담을 바탕으로 만든 것입니다. '왜 그때 그렇게 말했을까?' '아이가 너무 상처받지 않았을까?'라고 생각한 상황을 두고 더 좋은 대화를 고민하여 만들었습니다. 이 과정에서 평행선 같았던 아들과 저의 사이는 조금씩 합의점을 찾고, 가까워지고 있음을 느꼈습니다.

아직도 종종 이해되지 않는 아들의 행동(같은 노래를 계속 부르거나, 약속한 시간보다 늦게 들어오는 등)을 만나면 불편한 감정이 들기도 합니다. 그런 때일수록 그때 아들에게 무엇을 가르쳐야 할지 고민합니다. 약속한 시간보다 늦게 들어오면 혼내기보다, 걱정되는 마음과 함께 약속을 이야기합니다. 그렇다고 문제가 바로 해결되지는 않지만, 싸우지 않다 보니 사이가 나빠지지 않습니다. 오히려 종종 너무 늦게 들어올 때면, 자주 노는 놀이터에 가서 아들을 데려오면서 이야기를 듣는 시간이 너무 행복합니다. 친구들과 있었던 이야기, 늦을 수밖에 없었던 이유 등 핑계라는 것을 알지만, 그 짧은 시간이 데이트 같아서 설렙니다.

세상 어떤 관계보다 가깝지만 그래서 많은 상처를 주고받는 것이 부모와 자녀 관계입니다. 조급한 부모의 마음과 달리 자녀는 부모를 믿고 의지하며, 부모의 편이 되어줍니다. 저처럼 자녀와의 관계에 고민이 많은 부모님께 이 책을 권합니다. 감사합니다.

느린 학습자 이야기

느리게, 천천히 함께 걷기

초판인쇄 2025년 5월 16일
초판발행 2025년 5월 16일

글 신건철
발행인 채종준

출판총괄 박능원
책임편집 구현희
디자인 김민영
마케팅 문선영
전자책 정담자리
국제업무 채보라

브랜드 이담북스
주소 경기도 파주시 회동길 230(문발동)
문의 ksibook1@kstudy.com

발행처 한국학술정보(주)
출판신고 2023년 9월 25일 제406-2003-000012호

ISBN 979-11-7318-334-8 03370

이담북스는 한국학술정보(주)의 학술/학습도서 출판 브랜드입니다.
이 시대 꼭 필요한 것만 담아 독자와 함께 공유한다는 의미를 나타냈습니다.
다양한 분야 전문가의 지식과 경험을 고스란히 전해
배움의 즐거움을 선물하는 책을 만들고자 합니다.